수능 영어를 향한 가벼운 발걸음

맨처음 수능 영어

유형독해
입문편

Park Nicole Chong A (박정아)

현) 다이제스트 영어학원 원장
현) 초중등 영어교육 세미나 강사
University Missouri, Columbia졸
성공하는 공부방 길잡이 운영
http://cafe.naver.com/dizestsuccessroute

김한나

현) (주)이은재 어학원 강사
현) (주)비상 교육 온라인 그래머 강사
이화여대졸
맨처음 수능영어(기본, 실력, 독해, 완성)
내공(중학구문) (다락원)
E정표 수능특강 영어/영어독해 (쎄듀)
모자이크 EBS 변형문제 출제위원

Kim Ji Min (김지민)

현) 테샘영어 원장
한국외국어대학교 TESOL대학원 석사과정
원더랜드, 아발론, 패럴렉스, 기업체 출강
아륙물산 통번역사, BCD Tofu House HR Coordinator
http://m.blog.naver.com/taylors1017
instagram@molly_my_dear

이건희

현) 쥬기스(http://jugis.co.kr) 대표
맨처음 수능영문법, 맨처음 수능영어(기본, 실력, 독해, 완성)
내공(중학영문법, 중학구문, 중학듣기) (다락원)
체크체크(천재교육) Grammar in(비상) 외
instagram@gunee27

맨처음 수능영어

유형독해 입문편

지은이 박정아, 김지민, 김한나, 이건희
펴낸이 정규도
펴낸곳 (주)다락원

초판 1쇄 발행 2021년 8월 16일
초판 5쇄 발행 2024년 6월 10일

편집 정지인
디자인 김나경, 박선영
영문 감수 Ted Gray

다락원 경기도 파주시 문발로 211
내용문의 (02)736-2031 내선 504
구입문의 (02)736-2031 내선 250~252
Fax (02)732-2037
출판등록 1977년 9월 16일 제 406-2008-000007호

ISBN 978-89-277-8005-2 54740
      978-89-277-0828-5 54740 (set)

http://www.darakwon.co.kr
다락원 홈페이지를 방문하시면 상세한 출판정보와 함께
동영상강좌, MP3자료 등 다양한 어학 정보를 얻으실 수 있습니다.

수능 영어를 향한 가벼운 발걸음

맨처음 수능영어

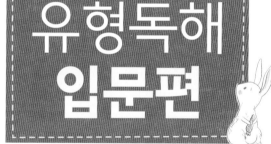

유형독해
입문편

박정아 김지민 김한나 이건희

DARAKWON

맨처음 수능 영어 시리즈만의 장점!

🐾 모의고사 및 수능 기출 문제를 쉽게 공부할 수 있어요!

🐾 생생한 유형풀이 전략으로 수능 대표 유형과 친해질 수 있어요!

🐾 유형 학습에서 실전 모의고사까지 체계적으로 문제를 풀어볼 수 있어요!

❸ 함정탈출 유형풀이 전략!
각각의 유형에 해당하는 문제풀이 전략들입니다.
유형별 유의 사항은 물론 오답을 피하는 생생한
팁을 얻을 수 있습니다.

❶ 유형소개
해당 유형에 대한 소개와
유형별 학습 방향을 제시합니다.

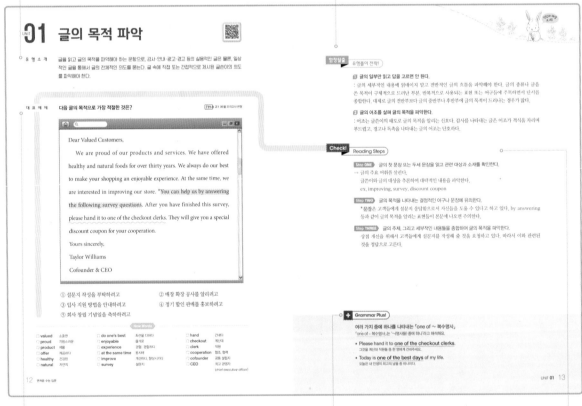

❷ 대표예제
난이도를 조절한 기출 문제를 통해 유형에 대한 이해도를
높일 수 있습니다.

❹ Check! Reading Steps
대표예제 속 지문을 통해 정답을 찾아가는
문제 해결 과정을 단계별로 직접 보여줍니다.

❺ Grammar Plus!
수능 및 내신에 꼭 나오는 필수 문법 개념 팁을
제공합니다.

막강한 온라인 학습 자료
워크시트 HWP 8종을 비롯한 풍부한 온라인 부가자료 제공

    문제출제프로그램
(voca.darakwon.co.kr)

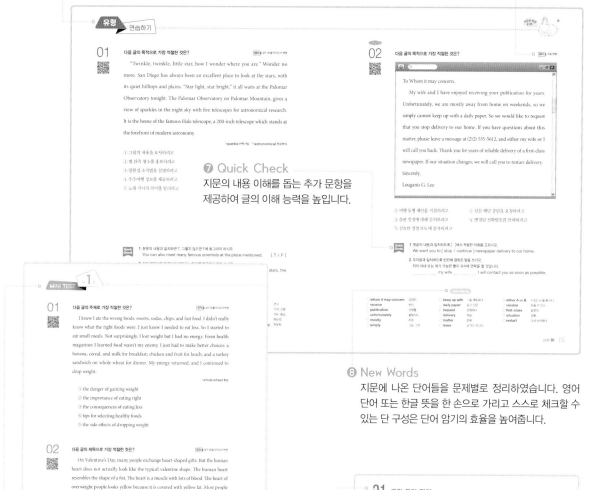

책 속의 책 Workbook 제공

수능 영어 (절대 평가)란 무엇인가요?

수능 영어 절대 평가는 기존의 상대평가와 달리 다른 학생의 성적과 비교하여
등급을 결정하지 않고, 본인의 성취 수준에 따라 등급을 결정합니다.

1 수능 영어 문항과 시험 시간

수능 영어는 듣기와 읽기를 포함한 총 45문항으로
구성되어 있으며, 내용의 중요도나 난이도를 고려하여
문항별로 2점 또는 3점이 배정됩니다. 듣기 영역은 총
17문항으로서 듣기 12문항과 간접 말하기 5문항으로
구성되어 있습니다. 읽기 영역은 총 28문항으로서 읽기
21문항과 간접 쓰기 7문항으로 구성되어 있습니다. 시험
시간은 70분으로 듣기는 약 25분, 읽기는 약 45분이
배당되어 있습니다.

평가영역	문항수	시험시간
듣기	17문항	25분
읽기	28문항	45분
합계	45문항	70분

2 수능 영어 절대 평가의 점수와 등급

수능 영어 절대 평가는 원점수에 따른 등급만 제공합니다.
수능 영어 절대 평가의 등급은 원점수 100점 만점을
기준으로 10점 간격의 9개 등급으로 구분됩니다. 예를
들어, 수험생이 90~100점 사이의 점수를 받으면 1등급,
80~89점 사이의 점수를 받으면 2등급을 받습니다.

성취등급	원점수
1등급	100~90점
2등급	89~80점
3등급	79~70점
4등급	69~60점
5등급	59~50점
6등급	49~40점
7등급	39~30점
8등급	29~20점
9등급	19~0점

3 수능 영어 평가 사항

수능 영어는 고등학교 영어 교육과정 성취 기준의 달성
정도와 대학에서 수학하는 데 필요한 영어 능력을
평가하기 위한 시험입니다. 어법과 어휘, 글의 중심 내용과
세부 내용에 대한 문항, 논리적 관계 파악과 맥락 파악과
같은 글의 내용에 대한 이해력과 사고력 그리고 영어
표현을 상황에 맞게 사용하는 능력을 평가합니다.

4 수능 영어 읽기 학습

1 중심 내용 파악하기

중심 내용을 파악하기 위해서는 글을 읽고 전체적인 내용을 이해하고, 추론 하는 능력이 필요합니다.
중심 내용 파악하기에는 글의 주제, 요지, 제목 파악하기 등의 유형이 있습니다.

2 세부 내용 파악하기

세부 내용을 파악하기 위해서는 글에 제시된 특정 정보를 사실적이고 정확하게 이해하는 능력이 필요합니다.
세부 내용 파악하기에는 내용 일치·불일치, 실용문 및 도표 내용 일치·불일치 등 파악하기 유형이 있습니다.

3 논리적 관계 파악하기

논리적 관계를 파악하기 위해서는 글을 읽고 원인과 결과와 같은 내용의 논리적인 관계를 파악하는 능력이
필요합니다. 단어나 구, 절, 문장 또는 연결어가 들어갈 빈칸 내용 추론하기 등의 유형이 있습니다.

4 맥락 파악하기

맥락을 파악하기 위해서는 글을 읽고 말하는 이나 글쓴이의 의도나 목적을 파악하는 능력이 필요합니다. 맥락
파악하기에는 글쓴이의 목적, 주장, 글의 분위기나 심경 등 파악하기 등의 유형이 있습니다.

5 간접 쓰기

간접 쓰기를 위해서는 글의 전체적인 맥락과 문장 간의 논리적 흐름을 파악하여 가상의 글쓰기에 적용할 수
있는 능력이 필요합니다. 간접 쓰기에는 흐름에 무관한 문장, 주어진 문장의 적합한 위치, 글의 순서 파악하기,
문단 요약하기 등의 유형이 있습니다.

6 문법 및 어휘

문법 및 어휘를 위해서는 글의 전체적 의미나 문장 간의 의미적 관련성을 통하여 어법의 적합성이나 어휘의
적합성을 파악하는 능력이 필요합니다. 문법과 어휘에는 문맥에 따른 어법 또는 어휘 정확성 파악하기 등의
유형이 있습니다.

출처: 한국교육과정평가원

수능 지문의 6가지 대표 패턴

Pattern 1

주제문 > 예시 ① > 예시 ② > 예시 ③

• 가장 기초적인 영어식 글쓰기 구성으로 「주제문+예시」의 기본 패턴입니다. 주제, 요지, 빈칸완성, 글의 전후 관계추론, 무관한 문장, 문장의 삽입 등 다양한 유형의 문제에 쓰입니다. 주제문은 문장 앞(두괄식), 문장 뒤(미괄식), 중간(중괄식), 혹은 앞과 뒤에 동시에 나올 수 있습니다. 예시를 위해 for example, for instance 같은 연결 어구를 사용합니다.

Pattern 2

도입 > 주제문 > 예시 > 요약

• 수능에서 가장 많이 나오는 패턴으로 도입부에 일반적인 사실 또는 생각을 제시한 다음 but, however와 같이 역접을 유도하는 연결 어구를 사용하여 주제문을 제시합니다. 주제문을 보충 설명하기 위한 예를 2~3개 정도 쓰고 마지막에 전체 글을 요약합니다. 주로 주제, 요지, 주장, 빈칸 추론 등 유형에 활용합니다.

Pattern 3

일반론 > 반론 > 결론

• 논설문에서 가장 많이 쓰이는 형태입니다. 문장의 앞부분에 주제의 도입이나 일반적인 생각을 제시한 다음, 그와 반대되는 생각이나 문제점을 지적한 뒤 결론을 유도하는 방식입니다. 역접, 인과관계를 나타내는 연결 어구의 쓰임에 주의해야 합니다. 글의 순서 또는 문장의 삽입, 주제 등의 유형에서 많이 이용합니다.

Pattern 4

설명(사실 ① ② ③) > 요약

• 설명문에서 많이 쓰이는 패턴으로, 주제를 정당화할 수 있는 사실, 속성, 사건들을 나열한 후 주제문을 제시합니다. 열거되는 사실은 서로 대등하며, first, second, finally, another, some, others 등을 사용합니다. 결론을 유도하는 therefore, in short 같은 접속부사의 표현을 글의 뒷부분에서 발견할 수 있습니다. 주로 실용문, 지칭추론, 빈칸 추론, 요지, 요약문 완성 등을 묻는 문제에 많이 응용됩니다.

Pattern 5

행동 ① > 행동 ② > 행동 ③

• 시간에 따른 어떤 대상의 움직임이나 장소를 구상하는 공간순서에 따른 행동에 대한 묘사로 어조, 분위기, 심경 또는 글의 순서 등을 파악하는 종합적인 이해력을 측정하는 문제에서 많이 활용합니다.

Pattern 6

상황 제시 > 사건(시간순) > 마무리

• 주제를 암시하는 사건을 시간 순으로 간략하게 서술합니다. 상황, 일화 등 사건의 흐름을 간결하게 서술하거나 글 속에 대화로 등장할 수 있습니다. 속담, 함축 의미, 심경을 묻거나 특히 장문 독해 문제에서 자주 활용합니다.

수능 유형 학습

Unit 01 ~ Unit 19

유 형 소 개 글을 읽고 글의 목적을 파악해야 하는 문항으로, 감사·안내·광고·경고 등의 실용적인 글은 물론, 일상 적인 글을 통해서 글의 전체적인 의도를 묻는다. 글 속에 직접 또는 간접적으로 제시된 글쓴이의 의도 를 파악해야 한다.

대 표 예 제 다음 글의 목적으로 가장 적절한 것은? 71% 고1 06월 모의고사 변형

Dear Valued Customers,

We are proud of our products and services. We have offered healthy and natural foods for over thirty years. We always do our best to make your shopping an enjoyable experience. At the same time, we are interested in improving our store. *You can help us by answering the following survey questions. After you have finished this survey, please hand it to one of the checkout clerks. They will give you a special discount coupon for your cooperation.

Yours sincerely,

Taylor Williams

Cofounder & CEO

① 설문지 작성을 부탁하려고

② 매장 확장 공사를 알리려고

③ 입사 지원 방법을 안내하려고

④ 정기 할인 판매를 홍보하려고

⑤ 회사 창립 기념일을 축하하려고

◀ New Words ▶

□ valued	소중한	□ do one's best	최선을 다하다	□ hand	건네다
□ proud	자랑스러운	□ enjoyable	즐거운	□ checkout	계산대
□ product	제품	□ experience	경험; 경험하다	□ clerk	직원
□ offer	제공하다	□ at the same time	동시에	□ cooperation	협조, 협력
□ healthy	건강한	□ improve	개선하다, 향상시키다	□ cofounder	공동 설립자
□ natural	자연의	□ survey	설문지	□ CEO	최고 경영자 (chief executive officer)

함정탈출 유형풀이 전략!

1 글의 일부만 읽고 답을 고르면 안 된다.

: 글의 세부적인 내용에 얽매이지 말고 전반적인 글의 흐름을 파악해야 한다. 글의 종류나 글을 쓴 목적이 구체적으로 드러난 부분, 반복적으로 사용되는 표현 또는 어구들에 주목하면서 단서를 종합한다. 대체로 글의 전반부보다 글의 중반부나 후반부에 글의 목적이 드러나는 경우가 많다.

2 글의 어조를 살펴 글의 목적을 파악한다.

: 어조는 글쓴이의 태도로 글의 목적을 알리는 신호다. 감사를 나타내는 글은 어조가 격식을 차리며 부드럽고, 경고나 독촉을 나타내는 글의 어조는 단호하다.

Check! Reading Steps

Step ONE 글의 첫 문장 또는 두세 문장을 읽고 관련 대상과 소재를 확인한다.
⋯ 글의 주요 어휘를 살핀다.
글쓴이와 글의 대상을 추론하여 대략적인 내용을 파악한다.
ex. improving, survey, discount coupon

Step TWO 글의 목적을 나타내는 결정적인 어구나 문장에 유의한다.
*문장은 고객들에게 설문지 응답함으로서 자신들을 도울 수 있다고 하고 있다. by answering 등과 같이 글의 목적을 알리는 표현들이 본문에 나오면 주의한다.

Step THREE 글의 주제, 그리고 세부적인 내용들을 종합하여 글의 목적을 파악한다.
상점 개선을 위해서 고객들에게 설문지를 작성해 줄 것을 요청하고 있다. 따라서 이와 관련된 것을 정답으로 고른다.

➕ Grammar Plus!

여러 가지 중에 하나를 나타내는 「one of ~ 복수명사」
「one of ~ 복수명사」는 '~(명사들) 중에 하나'라고 해석해요.

◆ Please hand it to **one of the checkout clerks**.
그것을 계산대 직원들 중 한 명에게 건네주세요.

◆ Today is **one of the best days** of my life.
오늘은 내 인생의 최고의 날들 중 하나이다.

01

다음 글의 목적으로 가장 적절한 것은?

86% 고1 06월 모의고사 변형

"Twinkle, twinkle, little star, how I wonder where you are." Wonder no more. San Diego has always been an excellent place to look at the stars, with its quiet hilltops and plains. "Star light, star bright," it all waits at the Palomar Observatory tonight. The Palomar Observatory on Palomar Mountain, gives a view of sparkles in the night sky with five telescopes for astronomical research. It is the home of the famous Hale telescope, a 200-inch telescope which stands at the forefront of modern astronomy.

*sparkle 반짝거림 **astronomical 천문학의

① 그림의 내용을 묘사하려고
② 별 관측 명소를 홍보하려고
③ 망원경 조작법을 설명하려고
④ 우주여행 정보를 제공하려고
⑤ 노래 가사의 의미를 알리려고

Quick Check

1 본문의 내용과 일치하면 T, 그렇지 않으면 F에 동그라미 하시오.
You can also meet many famous scientists at the place mentioned.　[T / F]

2 다음 영영사전 뜻풀이에 해당하는 단어를 본문에서 찾아 쓰시오.
_____ : a building where scientists can watch the planets, the stars, the weather, etc.

◀ New Words ▶

☐ twinkle	반짝이다	☐ light	엷게 빛나는	☐ research	연구
☐ wonder	궁금하다	☐ bright	밝게 빛나는	☐ home	기지, 고향
☐ no more	더 이상 ~않는	☐ observatory	천문대, 관측소	☐ forefront	선두, 중심
☐ hilltop	언덕	☐ view	광경; 보다	☐ modern	현대의
☐ plain	평원	☐ telescope	망원경	☐ astronomy	천문학

02 다음 글의 목적으로 가장 적절한 것은?

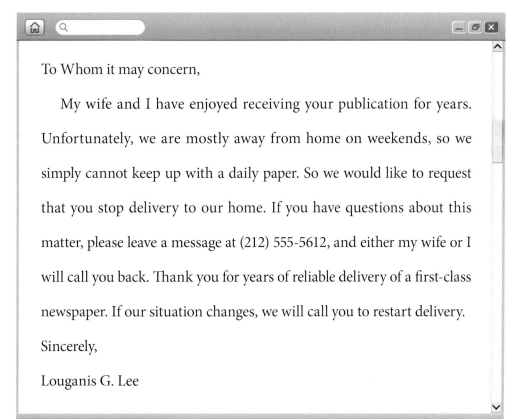

To Whom it may concern,

My wife and I have enjoyed receiving your publication for years. Unfortunately, we are mostly away from home on weekends, so we simply cannot keep up with a daily paper. So we would like to request that you stop delivery to our home. If you have questions about this matter, please leave a message at (212) 555-5612, and either my wife or I will call you back. Thank you for years of reliable delivery of a first-class newspaper. If our situation changes, we will call you to restart delivery.

Sincerely,

Louganis G. Lee

① 여행 동행 제안을 거절하려고
② 신문 배달 중단을 요청하려고
③ 출판 일정에 대해 문의하려고
④ 변경된 전화번호를 안내하려고
⑤ 신속한 정정 보도에 감사하려고

 Quick Check

1 윗글의 내용과 일치하도록 [　]에서 적절한 어휘를 고르시오.
We want you to [stop / continue] newspaper delivery to our home.

2 우리말과 일치하도록 빈칸에 알맞은 말을 쓰시오.
저의 아내 또는 제가 가능한 빨리 귀사에 연락을 할 것입니다.
_____ my wife _____ I will contact you as soon as possible.

New Words

☐ whom it may concern	담당자	☐ keep up with	~을 계속하다	☐ either A or B	A 또는 B 둘 중 하나
☐ receive	받다	☐ daily paper	일간 신문	☐ reliable	믿을 수 있는
☐ publication	간행물	☐ request	요청하다	☐ first-class	일류의
☐ unfortunately	불행히도	☐ delivery	배달	☐ situation	상황
☐ mostly	주로	☐ matter	문제	☐ restart	다시 시작하다
☐ simply	그냥, 그저	☐ leave	남기다, 떠나다		

02 심경·분위기 파악

유 형 소 개　글쓴이의 심경을 파악하는 문제는 주인공의 심리 상태나 심리 상태의 변화를 묻는 유형이고, 글의 분위기를 파악하는 문제는 글 속에 나와 있는 여러 정보들을 통해 글의 감상 능력을 평가하는 유형이다. 글의 내용, 배경, 사용된 언어의 색채 등을 종합적으로 이해해야 문제를 풀 수 있으며 보통 소설이나 일화를 지문으로 하는 경우가 많다.

대 표 예 제　다음 글에 드러난 Daniel의 심경 변화로 가장 적절한 것은?　77% 고1 06월 모의고사 변형

Daniel had to decide whether to stay or leave. **❶He was worried about the safety of his family.** Finally, he decided to fly to England in a small airplane. The plane took off, but he was still nervous because he was not sure of the success of the flight. If the German troops found the plane, they would probably kill him and his family in the air. As he approached England, the plane suddenly made a strange noise and started to shake, but it landed safely in England. **❷His eyes were full of tears of joy.**

*troop 군대

① bored → amused
② ashamed → proud
③ happy → depressed
④ worried → relieved
⑤ excited → disappointed

◆ New Words ◆

☐ whether	인지 (아닌지·아니면) ~인지)	☐ flight	비행	☐ amused	재미있어 하는
☐ safety	안전	☐ approach	가까워지다, 다가가다	☐ ashamed	부끄러운
☐ take off	이륙하다	☐ suddenly	갑자기	☐ depressed	우울한
☐ nervous	불안한	☐ be full of	~으로 가득차다	☐ relieved	안도하는
☐ success	성공	☐ bored	지루한	☐ disappointed	실망한

함정탈출 유형풀이 전략!

1 글의 시간적, 공간적 배경을 파악한다.

: 도입부에 설명이 되는 경우가 많다.

2 인물의 행동을 파악한다.

: 특정 사건을 계기로 바뀔 수 있으므로 주의한다.

3 상황이나 분위기 또는 글쓴이에 관해 설명해 주는 형용사나 부사의 표현에 주목한다.

: 대략적인 어휘를 통해 글의 어조를 느낄 수 있지만, 사건의 반전에 유의한다.

Check! Reading Steps

Step ONE 시간적, 공간적 배경과 관련된 묘사에 주목한다.

··· fly to England, in a small airplane

Step TWO 등장인물의 행동 또는 감정과 관련된 묘사에 주목한다.

··· worried, still nervous, full of tears of joy

Step THREE 글의 전체적인 분위기 또는 글쓴이의 심경과 관련된 핵심 표현에 주목한다.

··· ❶문장으로 보아, 글쓴이는 걱정을 느끼고 있었지만, 결국 ❷문장을 통해 안도함을 알 수 있다.

 **Grammar Plus!**

'~ V1할지 또는 V2할지'를 나타내는 「whether to V1 or V2」

「whether to V」는 '~할지'라고 해석해요. 「whether to V1 or V2」는 '~ V1할지 또는 V2할지'라고 해석할 수 있어요.

◆ Daniel had to decide **whether to stay or leave**.
   Daniel은 머물러야 할지 떠나야 할지를 결정해야만 했다.

◆ I'm not sure **whether to laugh or cry** now.
   나는 지금 웃어야 할지 울어야 할지 잘 모르겠다.

01 다음 글의 상황에 나타난 분위기로 가장 적절한 것은?

76% 고1 03월 모의고사 변형

There is a lone seagull on the clean beach. The sound of sweet music greets us as we walk from the beach to the old town. We turn a corner and find a group of musicians in front of an old building. They are playing something familiar by Beethoven rather well. A smiling baby boy in a stroller is at a table in a restaurant. His mother is feeding him baby food from a jar. He is also interested in everything else around him.

*stroller 유모차

① sad
② scary
③ peaceful
④ humorous
⑤ mysterious

Quick Check

1 다음 영영사전 뜻풀이에 해당하는 단어를 본문에서 찾아 쓰시오.
_____ : to give someone food to eat

2 본문의 내용과 일치하면 T, 그렇지 않으면 F에 동그라미 하시오.
Musicians were playing something by Beethoven in front of the restaurant.

[T / F]

◀ New Words ▶

☐ lone	하나의	☐ corner	모퉁이	☐ jar	병
☐ seagull	갈매기	☐ familiar	친숙한	☐ be interested in	~에 관심이 있다
☐ sweet	감미로운, 달콤한	☐ rather well	꽤 잘	☐ scary	무서운
☐ greet	맞이하다, 인사하다	☐ feed	먹이다	☐ humorous	익살스러운
☐ turn	돌다	☐ baby food	이유식, 유아식	☐ mysterious	불가사의한

02

다음 글에 드러난 필자의 심경 변화로 가장 적절한 것은?

92% 수능 변형

When I worked at a coffee shop as a server, a boy came in. He sat at a table and asked me how much an ice cream sundae was. "Fifty cents," I replied. The little boy took some coins out of his pocket and looked at them. "How much is plain ice cream?" he asked. Some people were waiting for a table now. "Thirty-five cents," I said angrily. The little boy counted the coins and he ordered the plain ice cream. I brought him the ice cream and walked away. The boy finished, paid the cashier, and left. When I came back, there were fifteen cents next to the empty dish as my tip.

*sundae 시럽, 과일 등을 얹은 아이스크림

① relaxed → angry
② calm → envious
③ kind → scared
④ frightened → satisfied
⑤ annoyed → ashamed

Quick Check

1 본문의 내용과 일치하면 T, 그렇지 않으면 F에 동그라미 하시오.
The boy left a tip because the waitress was nice to him.   [T / F]

2 윗글의 내용과 일치하도록 [ ]에서 적절한 어휘를 고르시오.
When the boy asked the price of ice cream twice, the waitress was [patient / impatient].

◀ New Words ▶

☐ reply	대답하다	☐ relaxed	느긋한	☐ satisfied	만족한
☐ out of	~의 밖으로	☐ calm	차분한	☐ annoyed	짜증이 난
☐ plain	보통의, 무늬가 없는	☐ envious	부러워하는	☐ ashamed	부끄러운
☐ cashier	계산원	☐ scared	두려워하는	☐ patient	참을성 있는; 환자
☐ empty	빈; 비우다	☐ frightened	겁먹은	☐ impatient	참을성 없는, 짜증난

유 형 소 개 　이 유형은 밑줄 친 부분이 글 속에서 의미하는 바를 추론하는 유형으로 글의 주제와 연관이 있는 경우가 많다. 따라서 글의 중심 내용을 파악한 후 접근하되, 비슷한 의미로 쓰인 어구에 집중한다.

대 표 예 제 　**밑줄 친 have a garage sale이 다음 글에서 의미하는 바로 가장 적절한 것은?**

[70%] 고1 05월 모의고사 변형

　　Have you ever heard about a "mental garage sale"? Have you ever thought about *removing the trash in your mind to make room for something new? We tend to keep memories in our mind even though they are never used again. So, don't hesitate and have a garage sale of the mind. Open up the bad memories that you have packed away over the years. *Remove your unpleasant memories by taking the time to do this.

*hesitate 망설이다

① Find out the hidden value of old stuff
② Throw the trash in the garage away
③ Remove the past hurt in your mind
④ Exercise regularly for your mental health
⑤ Take advantage of second-hand shops

· New Words ·

☐ mental	정신의	☐ tend to	~하는 경향이 있다	☐ value	가치
☐ garage sale	(개인이 자기 집 차고에서 하는) 중고품 염가 판매	☐ trash	쓰레기	☐ regularly	규칙적으로
		☐ open up	펼치다	☐ take advantage of	이용하다
☐ remove	제거하다	☐ pack away	챙겨서 치워 놓다	☐ second-hand	중고의
☐ room	공간, 여지	☐ unpleasant	불쾌한		

1 글의 중심 내용을 파악한다.

: 도입부의 글의 소재에 대해 글쓴이의 태도를 파악한다.

2 반복적으로 나오는 어구에 집중한다.

: 여러 번 등장하거나 패러프레이징 되는 어구를 살핀다. 자주 반복되는 어구는 주제와 관련이 있는 핵심어일 가능성이 높다. 그러나 완전히 같은 단어가 나오는 것보다 동의어로 바뀌거나 표현을 달리하기도 하므로 유의해야 한다.

3 글 속에서 밑줄 친 부분이 의미하는 바를 이해한다.

: 주제와 연관되는 경우가 많지만, 간혹 반의어를 의미하기도 하므로 주의한다.

Check!   Reading Steps

Step ONE   글의 소재를 파악한다.

⋯▸ mental garage sale

Step TWO   글의 주제를 파악한다.

⋯▸ *문장들을 통해 소재의 의미를 이해한다.

Step THREE   밑줄 친 부분이 의미하는 바를 찾는다.

⋯▸ '마음 속 나쁜 기억을 제거하라'는 글의 주제로 미루어 보아, 밑줄 친 부분이 '정신적 정리'라는 것을 알 수 있다.

+   Grammar Plus!

'~를 해본 적이 있니?'라고 예전의 경험을 물어볼 때 쓰는 「Have you ever p.p.(과거분사)?」

「Have you ever p.p.?」는 '너는 ~해본 적 있니?'라고 해석해요. '너는 ~에 가본 적 있니?'라고 할 때는 「Have you ever been to 장소?」라고 표현할 수 있어요.

◆ **Have you ever heard** about a "mental garage sale"?
당신은 정신의 '중고품 처분 판매'에 대해 들어 본 적이 있는가?

◆ **Have you ever been to** Sydney, Australia?
당신은 호주의 시드니에 가본 적이 있나요?

01 밑줄 친 A clown is like an aspirin이 다음 글에서 의미하는 바로 가장 적절한 것은?

79% 고1 03월 모의고사 변형

There are no studies that show a clear link between laughter and pain. However, many patients have reported a decrease in pain after a good laugh. Some doctors say that the decrease may be due to chemicals in the blood. Patients might also feel less pain because they simply forget their pain when they laugh. Because of this reason, many people would agree with Groucho Marx's opinion: "A clown is like an aspirin."

① Training a clown is helpful for pain.
② A clown causes laughter.
③ Using painkillers is effective.
④ Laughter is effective for pain.
⑤ Patients should become humorous people.

Quick Check

1 본문의 내용과 일치하면 T, 그렇지 않으면 F에 동그라미 하시오.
Patients feel less pain after taking aspirins brought by a clown.　　　[T / F]

2 다음 영영사전 뜻풀이에 해당하는 단어를 본문에서 찾아 쓰시오.
_____: an actor who wears odd clothes and makeup to make people laugh

· New Words ·

□ study	연구, 학문	□ decrease	감소; 감소하다	□ agree	동의하다
□ clear	명확한; 치우다	□ due to	~때문에	□ opinion	의견
□ link	관련성; 연결하다	□ chemical	화학 물질	□ clown	광대
□ laughter	웃음, 웃음소리	□ less	덜한, 더 적은	□ aspirin	아스피린
□ pain	통증, 고통	□ simply	단순히, 단지	□ painkiller	진통제
□ patient	환자; 참을성 있는	□ laugh	웃다	□ effective	효과적인
□ report	말한다, 전하다	□ reason	이유		

02 밑줄 친 stick to your last가 다음 글에서 의미하는 바로 가장 적절한 것은?   90% 수능 변형

Around 350 B.C. a very famous painter named Apelles lived in Greece. He hid himself at previews, so he could hear the public's opinions of his paintings. At one preview, a shoemaker criticized the shoes in his painting. Apelles worked hard to repaint those shoes. When he had a second preview, the shoemaker began to criticize the anatomy of a character in the painting. Apelles got mad, because he knew that the shoemaker didn't know anything about anatomy. Apelles wanted to tell the shoemaker that he should not criticize the painting but do his job; making shoes. Apelles shouted, "Shoemaker, stick to your last!"

*anatomy 해부학적 구조

① get the last stick for me
② try to criticize my last picture
③ use the stick to make shoes
④ keep doing what you do
⑤ criticize the painting better

Quick Check

1 본문의 내용과 일치하면 T, 그렇지 않으면 F에 동그라미 하시오.
Apelles thought the shoemaker knew anatomy well.   [T / F]

2 본문의 내용과 일치하도록 가장 적절한 어휘를 선택하시오.
The shoemaker [didn't like / liked] the shoes in Apelles' painting.

◖ New Words ◗

□ B.C.	기원전	□ public	대중	□ repaint	다시 그리다
□ famous	유명한	□ opinion	의견	□ character	인물, 캐릭터
□ hide(-hid-hidden)	숨기다, 숨다	□ painting	그림	□ mad	화가 난, 화난
□ preview	시연, 시사	□ criticize	비판하다	□ stick to	~을 계속하다

04 요지·주장 파악

유 형 소 개   글의 요지·주장 추론 문제는 글쓴이의 주장을 담아 한 문장으로 서술한 유형이다. 간혹, 속담이나 교훈을 묻는 형태로 출제되기도 한다.

대 표 예 제   **다음 글에서 필자가 주장하는 바로 가장 적절한 것은?**   84% 고1 03월 모의고사 변형

Good looks can be an advantage. But, you should not complain about your appearance that you received from your parents. Instead, you have to remember that beauty will not last long. *Therefore, you should try to develop your ability to succeed later in life. Also, for a better world, you should focus on what you can do. It is useless to worry about not being beautiful.

① 자신의 실수를 남의 탓으로 돌리지 마라.
② 불만을 말할 때는 타당한 근거를 제시하라.
③ 이웃을 위해 자신이 할 수 있는 일을 찾아라.
④ 부모에게 지나치게 의존하려는 생각을 버려라.
⑤ 외모에 대해 불평하기보다는 능력을 계발하라.

> New Words

☐ looks	외모	☐ receive	받다	☐ ability	능력
☐ advantage	장점, 이점	☐ instead	대신에	☐ succeed	성공하다
☐ complain	불평하다	☐ last	지속되다	☐ focus on	집중하다
☐ appearance	모습, 외모	☐ develop	개발하다	☐ useless	소용없는

함정탈출 유형풀이 전략!

1 반복되는 핵심어를 통해 글 전체의 중심 내용을 파악한다.

: 반복 어휘를 통해 소재 및 중심 내용을 유추하여 관련성을 살펴본다.

2 주제에 관한 글쓴이의 생각이 드러나 있는 문장을 찾는다.

: 글쓴이의 생각이 드러나 있는 문장이 글의 주제문이 된다. 결론의 접속사나, 당위성을 나타내는 단어들을 살핀다.

Check! Reading Steps

Step ONE 반복되는 핵심어나 어구 등을 통해 주제를 먼저 파악한다.

⋯ should not complain about your appearance, beauty will not last long

Step TWO 주제에 관한 글쓴이의 생각이 드러나 있는 문장을 찾는다. (특히 마지막 문장 주의!)

⋯ *문장의 첫 단어 Therefore를 통해 결론이 드러나 있음을 파악한다.

Step THREE 글의 요지·주장을 가장 잘 드러낸 선택지를 찾는다.

⋯ 인생의 성공을 위해 외적인 아름다움보다는 자신의 능력을 키우라는 주장이 있는 선택지를 고른다.

+ Grammar Plus!

'~하는 것은 소용없다'라는 뜻의 「It is useless to V」

[It is useless to V]는 '~하는 것은 소용없다' 또는 '~하는 것은 쓸데없다'라고 할 때 쓰는 표현이에요. 같은 의미로 「It is no use Ving」로도 쓸 수 있어요.

◆ **It is useless to worry** about not being beautiful.
아름답지 않다고 걱정하는 것은 소용없는 일이다.

◆ **It is no use crying** over spilt milk.
우유를 엎지른 후에 울어봤자 소용없다. (엎지른 물은 도로 담을 수 없다.)

01 다음 글에서 필자가 주장하는 바로 가장 적절한 것은?

79% 고1 06월 모의고사 변형

How will your kids spend this summer? Building sandcastles at the beach? Swimming at summer camp? While I was studying education, I learned that children's IQs drop each summer vacation because they don't use their brains. But for some students, it is not true because their parents make them read books during summer vacation. However, other kids fall two months behind in their reading level each summer break. A lot of research suggests an important lesson: get kids to read.

① 방학 중 학부모 교육을 확대하자.
② 수준별 독서 프로그램을 도입하자.
③ 여름 방학을 건강하게 보내게 하자.
④ 아이들이 방학 동안 책을 읽게 하자.
⑤ 학생들을 다양한 활동에 참여시키자.

Quick Check

1 다음 영영사전 뜻풀이에 해당하는 단어를 본문에서 찾아 쓰시오.
_____ : work that involves studying something and trying to discover facts about it

2 본문의 내용과 일치하면 T, 그렇지 않으면 F에 동그라미 하시오.
Kids who don't read during summer vacation fall two months behind in reading level. [T / F]

◀ New Words ▶

□ spend	(시간을) 보내다, 쓰다	□ drop	떨어지다; 방울, 하락	□ fall behind	뒤처지다
□ sandcastle	모래성	□ vacation	방학, 휴가	□ break	방학, 휴가; 부수다, 깨다
□ beach	해변	□ brain	두뇌	□ research	연구; 연구하다
□ education	교육	□ true	사실인	□ suggest	시사하다, 제안하다
□ learn	배우다	□ parents	부모	□ lesson	교훈

02 다음 글의 요지로 가장 적절한 것은?

Old Hawk pointed at the tall and old cottonwood. Since it was very large, a grown man could not put his arms around it. "This tree has watched over our family all its life. I feel strength from the tree every time I look at it. Yet, being strong is not always good," he said. "That's hard to believe," Jeremy said. "Then, look at those chokecherry trees," Old Hawk said. "They are small and weak. But when you were a child, they survived a storm without losing a branch. However, this old cottonwood lost several branches. It stood strong in the storm, but it could not bend with the wind like the chokecherry trees could."

① 강한 것이 약한 것을 이긴다.
② 강점이 약점이 될 수도 있다.
③ 신념이 꿈을 실현시킨다.
④ 서식 환경이 나무의 용도를 결정한다.
⑤ 식물은 자연 재해를 막는 데 도움이 된다.

Quick Check

1 본문의 내용과 일치하면 T, 그렇지 않으면 F에 동그라미 하시오.
The cottonwood stood strong in a storm without losing a branch.   [T / F]

2 본문의 내용과 일치하도록 가장 적절한 어휘를 선택하시오.
The chokecherry trees are [strong / weak] but survived a storm.

◀ New Words ▶

☐ point at	가리키다	☐ all one's life	평생 (동안)	☐ survive	살아남다
☐ cottonwood	미루나무	☐ strength	힘	☐ without	~없이
☐ since	~여서, ~때문에	☐ every time	~할 때마다	☐ several	몇 개의
☐ grown man	성인 남자	☐ yet	그러나	☐ bend	구부리다
☐ watch over	~을 지키다	☐ chokecherry	벚나무	☐ like	~처럼

주제 파악

유형소개 글이 무엇에 관한 글인가를 아는 능력은 독해에서는 가장 기본이 되며 영어 독해의 모든 문제는 주제를 벗어날 수 없다. 글의 구성에 따라 첫 부분에 주제가 제시된 후 구체적인 내용이 나열되는 글, 구체적인 내용이 먼저 나온 후 마지막 부분에 주제가 제시되는 글, 그리고 주제가 명시적으로 제시되지 않고 여러 사례를 통해 추론해야 하는 글 등으로 분류될 수 있다.

대표예제 **다음 글의 주제로 가장 적절한 것은?** 75% 고1 05월 모의고사 변형

❶Students should spend a lot of time studying words. Learning is based on words. They are the key to building meaning in text. We need them to think and express ideas. Students with a high vocabulary get higher scores on tests than students with a lower one. Also, because words are directly related to the knowledge of concepts, knowing many words allows students to achieve higher grades in school. ❷Therefore, it is necessary to study words.

① the necessity of learning words
② the use of standard language
③ how to do well on a vocabulary test
④ a helpful learning environment
⑤ to choose your words carefully

◀ New Words ▶

□ spend 시간 -ing	~하는 시간을 보내다	□ directly	직접적으로	□ achieve	성취하다
□ be based on	~에 기초하다	□ related	관련된	□ standard	표준의
□ express	표현하다	□ knowledge	지식	□ environment	환경
□ vocabulary	어휘	□ concept	개념	□ carefully	신중히

함정탈출 유형풀이 전략!

1 글의 구성 방식을 이해하여 핵심 내용의 위치를 파악한다.

: 핵심 내용은 대개 글의 처음이나 끝에 위치하며, 반복되는 표현, 질문과 그에 대한 답, 결론을 나타내는 연결사 뒤에 이어지는 문장 등에서도 발견될 수 있다.

2 지나치게 일반적이거나 구체적인 또는 추상적인 내용의 선택지는 피한다.

: 글에 언급된 내용을 넘어서 지나치게 광범위하거나 막연한 내용을 나타내는 선택지는 글의 주제로 적합하지 않다. 마찬가지로 글의 전체 내용을 나타내지 못하고 일부만을 나타내는 선택지도 글의 주제로 적절하지 않다.

Check! Reading Steps

Step ONE 글의 초반부에서 소재 또는 화제를 찾는다.

⋯→ studying words

Step TWO 도입부에서 제기하는 주장이나 문제점을 파악한다.

⋯→ **❶**문장을 통해 학생들이 단어 공부에 많은 시간을 사용해야 한다고 제시한 후 그 뒤에 여러 이유를 뒷받침하며 주장을 펼친다.

Step THREE 제기하는 주장과 반복적으로 사용하여 주제를 암시하는 어구가 결론 부분에서 일치한다면 주제일 가능성이 매우 크다.

⋯→ **❷**문장을 통해 글의 마지막에서 다시 한 번 단어 학습의 필요성을 강조한다.

+ Grammar Plus!

'~하느라 (시간, 돈)을 쓰다'라는 표현의 「spend (시간, 돈) Ving」

「spend + 시간, 돈 + Ving」는 '~하느라 시간, 돈을 쓰다'라는 뜻이에요.

• Students should **spend a lot of time studying** words.
   학생들은 단어를 공부하는 데 많은 시간을 보내야 한다.

• Nicole should not **spend much money buying** her clothes.
   Nicole은 그녀의 옷을 사는데 많은 돈을 쓰지 말아야 한다.

01 다음 글의 주제로 가장 적절한 것은?

83% 고1 03월 모의고사 변형

People from warmer regions tend to use hand gestures more than people from colder ones. So people from southern countries gesture more than people from northern ones. This cultural difference can be explained simply. The hands are the main source for gesturing. In extremely cold climates, a person often keeps her hands in her coat pocket while she is speaking. On the other hand, in warmer climates, a person doesn't have to do this. She can use her hands freely to send her messages correctly.

① seasonal changes in clothing
② the role of facial expressions in communication
③ the effects of climate on regional gestures
④ various types of nonverbal communication
⑤ cultural influences on personality

 Quick Check

1 다음 영영사전 뜻풀이에 해당하는 단어를 본문에서 찾아 쓰시오.

_____ _____ : a movement that you make with your hands to show emotion

2 본문의 내용과 일치하면 T, 그렇지 않으면 F에 동그라미 하시오.

Northern people gesture quite often because they want to show their stories freely. [T / F]

◀ New Words ▶

☐ region	지역, 지방	☐ northern	북부의	☐ climate	기후
☐ tend to	~하는 경향이 있다	☐ cultural	문화적인	☐ freely	자유롭게
☐ gesture	몸짓, 손짓; 손짓을 사용하다	☐ difference	차이	☐ correctly	정확하게
☐ southern	남부의	☐ explain	설명하다	☐ effect	영향
☐ country	지방, 국가	☐ extremely	극단적으로, 극도로	☐ regional	지역의

02 다음 글의 주제로 가장 적절한 것은?

90% 수능 변형

You are in a meeting. You ask a question on a subject and the answer is not satisfying. What would be the best response? To say nothing. So if you are looking for more information or a different kind of information, keep silent. When there is a long pause in the conversation, people feel a strong need to fill it. If someone has finished speaking and you say nothing more about it, that person will start to explain in more detail. Eventually, they may say what you want to hear.

① the importance of conversation manners
② creative thinking through conversation
③ the need to act right for a good conversation
④ the importance of the host in a meeting
⑤ the power of keeping silent for a good answer

Quick Check

1 윗글의 내용과 일치하도록 빈칸에 적절한 어휘를 쓰시오.
To get the answer you want in a conversation, you should _____
_____ .

2 본문의 내용과 일치하면 T, 그렇지 않으면 F에 동그라미 하시오.
When you are not happy with the answer in a meeting, ask the other person to talk more. [T / F]

◀ New Words ▶

☐ question	질문	☐ information	정보	☐ explain	설명하다
☐ subject	주제	☐ silent	침묵하는	☐ in detail	상세히
☐ answer	대답, 답변	☐ pause	잠시 멈춤	☐ eventually	결국
☐ satisfying	만족스러운, 만족시키는	☐ conversation	대화	☐ creative	창의적인
☐ response	반응	☐ fill	채우다	☐ host	주최자

06 제목 파악

유 형 소 개   제목은 글의 핵심 내용을 압축적으로 표현한 것으로 글의 핵심 내용을 담고 있는 주제문을 풀 때와 마찬가지로 주제를 우선적으로 찾고 이것을 가장 잘 반영한 선택지를 고른다. 글의 제목은 간단한 어구로 요약하거나 상징적 또는 함축적으로 표현하기도 한다.

대 표 예 제   **다음 글의 제목으로 가장 적절한 것은?**   70% 고1 05월 모의고사 변형

Sometimes, you are so nervous and worried about the test day. You don't even feel like going to school. These types of feelings can erase your hard work. But here are some ways to keep the panic under control. Get a deep sleep before a big test. Eat a healthy breakfast but avoid caffeine on that day. Think of something peaceful and positive. *If you pick up these useful habits, test-taking can be much easier.

① Make No Excuse for Your Grades
② Take Better Care of Your Health
③ How to Overcome Test Anxiety
④ Don't Worry about Test Results
⑤ Anxiety: Enemy of Your Health

◦ New Words ◦

☐ **feel like -ing**　　　~하고 싶다　　　☐ **avoid**　　　피하다　　　☐ **overcome**　극복하다
☐ **erase**　　　　　　지우다　　　　　☐ **positive**　긍정적인　　☐ **anxiety**　걱정, 불안
☐ **keep ~ under control**　~를 통제하다　☐ **pick up**　몸에 붙게(배게)하다　☐ **enemy**　적
☐ **panic**　　　　　　공황, 극심한 공포　☐ **excuse**　변명(하다)

1 지문의 도입부에서 소재를 잡고 전체 내용을 파악하는 것이 중요하다.

: 도입 부분에 소재 설명 또는 묘사되는 상황을 잘 인식한다.

2 글 속에서 반복되는 단어나 어구 또는 주제와 연관성이 있는 문장들을 찾아 제목과 연계하여 생각한다.

: 주제를 암시하는 단어나 접속사를 잘 살펴본다.

3 선택지는 함축적으로 간결하게 표현된 영어 제목으로 제시된다.

Check!   Reading Steps

Step ONE   글의 도입 부분에서 소재를 찾는다.

⋯⋯▸ test day, feeling

Step TWO   주제와 연관성 있는 부분(signal word)을 파악한다.

⋯⋯▸ 접속사 but 이후의 문장에 주의한다.

Step THREE   마지막 문장에 집중하여 결론을 내린 후 제목으로 적절한 포괄적인 선택지를 고른다.

⋯⋯▸ *문장에서 언급한 these useful habits를 통해 시험 보는 날의 상태를 좋게 만드는 방법들을 제시한 글로 가장 포괄적으로 주제를 표현한 제목을 찾는다.

Grammar Plus!

'～하고 싶다'라는 표현의 「feel like Ving」

「feel like Ving」는 '～하고 싶다'라는 뜻이에요.

◆ You don't even **feel like going** to school.
  당신은 심지어 학교에 가고 싶지 않다.

◆ I **felt like going** out to see a movie.
  나는 영화를 보러 나가고 싶었다.

01 다음 글의 제목으로 가장 적절한 것은?

75% 고1 03월 모의고사 변형

If you are interested in fantasy novels, you may know the names of two great authors, J. R. R. Tolkein and C. S. Lewis. Tolkein is the author of *The Lord of the Rings* and Lewis is the author of *The Chronicles of Narnia*. However, only a few readers know about their friendship and influence on each other. Thanks to Lewis, Tolkein could complete his great novel. Likewise, Tolkein and his works helped Lewis create Narnia, his fantasy world. Their friendship continued until Lewis died in 1963.

① The Origin of Fantasy Novels
② The Wonder of Fantasy Worlds
③ Movies Based on Famous Novels
④ The Importance of a Writer's Imagination
⑤ The Friendship Between Two Great Authors

Quick Check

1 본문의 내용과 일치하면 T, 그렇지 않으면 F에 동그라미 하시오.
Lewis created Narnia, his fantasy world in1963. [T / F]

2 다음 영영사전 뜻풀이에 해당하는 단어를 본문에서 찾아 쓰시오.
_____ : a relationship between two or more friends

◆ New Words ◆

☐ fantasy	판타지, 공상	☐ a few	몇몇(의)	☐ likewise	마찬가지로
☐ novel	소설	☐ friendship	우정	☐ continue	계속되다
☐ may	~일지도 모른다	☐ influence	영향(력)	☐ origin	기원
☐ author	작가, 저자	☐ thanks to	~ 덕분에, ~ 덕택에	☐ imagination	상상력
☐ chronicle	연대기(年代記)	☐ complete	끝내다, 완성하다		

02

다음 글의 제목으로 가장 적절한 것은?

University students in my seminar classes sat in a circle. Each student told the others their name. After the introductions, I asked the students to write down the other students' names. In almost every case, students wrote down the names of students that sat far away from them. However, surprisingly, they couldn't recall the names of students who sat close to them. What was the reason? This was because they had social anxiety immediately before and after they had to introduce themselves to the entire group.

① Ways to Handle Nervousness
② Useful Plans for a Better Memory
③ How to Remember Uncommon Names
④ Nervousness and Its Effects on Memory
⑤ Seating Arrangements for Better Relations

 Quick Check

1 본문의 내용과 일치하면 T, 그렇지 않으면 F에 동그라미 하시오.
The students could only write down unusual names. [T / F]

2 본문의 내용과 일치하도록 가장 적절한 어휘를 선택하시오.
Most students could remember the names of students that sat [far away from / close to] them.

◆ New Words ◆

□ in a circle	둥글게	□ anxiety	불안감, 걱정	□ uncommon	흔하지 않은
□ introduction	소개, 도입	□ immediately	즉시, 바로	□ effect	영향, 효과
□ surprisingly	놀랍게도	□ entire	전체의	□ seating	좌석, 자리
□ recall	기억해 내다, 상기하다	□ handle	다스리다, 처리하다	□ arrangement	배치, 준비, 마련
□ social	사회적인, 사회의	□ nervousness	초조함, 신경과민	□ relation	관계, 친척

도표 정보 파악

유 형 소 개   다양한 그래프를 주고 그래프의 내용과 일치하지 않는 것을 찾는 문제이다. 막대그래프, 파이 그래프가
대표적이며 연도별, 성별, 지역별, 국가별 차이를 보여주는 도표가 주로 제시된다.

대 표 예 제   **다음 도표의 내용과 일치하지 않는 것은?**   71% 고1 09월 모의고사 변형

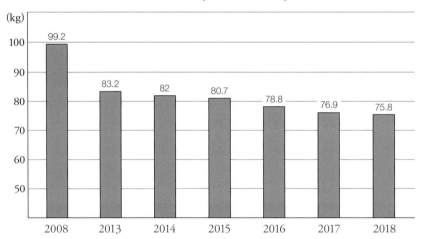

Annual Rice Consumption Per Capita in Korea

The above chart shows how much rice the average person in Korea ate between 2008 and 2018. ① Annual rice consumption per capita in Korea dropped by more than 20kg during that period. ② The decrease of Korean annual rice consumption was greater between 2008 and 2013 than between 2013 and 2018. ③ In 2015, annual rice consumption per capita was 80.7kg. ④ The average Korean ate more rice in 2016 than in 2017. ⑤ *The amount of rice consumed per capita in Korea reached its peak in 2018.

*per capita 1인당

· New Words ·

□ average	보통의	□ drop	떨어지다	□ decrease	감소
□ annual	1년의, 1년을 단위로	□ during	~ 동안	□ amount	양
□ consumption	소비	□ period	기간, 시기	□ peak	산꼭대기; 절정, 최고점

함정탈출 유형풀이 전략!

1 도표가 무엇에 관한 것인지를 파악한다.

: 보통 도표의 제목을 보면 기본 정보를 담고 있으므로 지문을 읽기 전에 먼저 확인한다.

2 도표의 내용과 선택지를 자세히 비교한다.

: 도표에서 가장 크고 가장 작은 부분을 차지하는 비율을 먼저 체크한 후, 각 문장에 해당하는 부분을 도표로 바로바로 비교하여 일치 여부를 확인하고 특히 수치의 증감에 유의한다.

Check! Reading Steps

Step **ONE** 무엇에 관한 내용인지 파악한다.

···▶ Annual rice consumption per capita in Korea

Step **TWO** 도표의 정보와 선택지의 내용을 하나씩 확인한다.

···▶ 도표와 *문장으로 보아, 한국인의 쌀 소비가 가장 많았던 해는 2008년이었다.

+ Grammar Plus!

'~ 하는 동안에'라는 뜻의 「during + 명사(구)」

「during + 명사(구)」는 전치사구로서 '~ 동안에'라고 해석해요. 「while + 주어 + 동사」는 시간을 나타내는 부사절이에요.

◆ Annual rice consumption per capita in Korea dropped by more than 20kg **during that period**.
 그 기간 동안 한국에서 1인당 연간 쌀 소비량은 20kg 이상 떨어졌다.

◆ Farmers are busy **during the harvest**.
 농부들은 추수 시기 동안에 바쁘다.

01 다음 도표의 내용과 일치하지 <u>않는</u> 것은?

89% 고1 11월 모의고사 변형

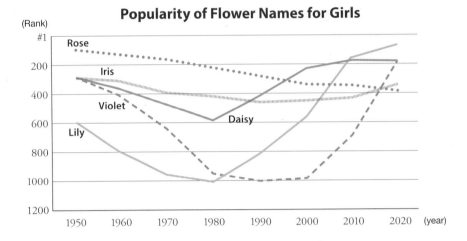

The above graph shows the rank of popularity of flower names for girls in the U.S. during the years 1950-2020. ① The popularity of flower names decreased from 1950 to 1980. ② The name Rose was ranked highest in 1950 and lowest in 2020. ③ Lily became popular again from 1980 and reached its highest rank in 2020. ④ In 2000, all the names except Violet were ranked higher than 400th. ⑤ Iris was ranked lower than Daisy in 2010.

 Quick Check

1 다음 영영사전 뜻풀이에 해당하는 단어를 본문에서 찾아 쓰시오.
_____ : the condition of being liked by many people

2 윗글의 내용과 일치하도록 [ ]에서 적절한 어휘를 고르시오.
Rose was ranked [highest / lowest] in 2020 while Lily reached its [highest / lowest] rank in 2020.

─ New Words ─

□ above	위	□ rank	차지하다; 순위	□ except	~을 제외하고
□ graph	도표	□ highest	가장 높은	□ than	~보다
□ popularity	인기	□ lowest	최하의, 최저의	□ lower	더 낮은
□ during	~ 동안	□ popular	인기 있는		
□ decrease	감소하다	□ reach	도달하다		

02 다음 도표의 내용과 일치하지 <u>않는</u> 것은?

75% 수능 변형

Changes in School Enrollment Rates

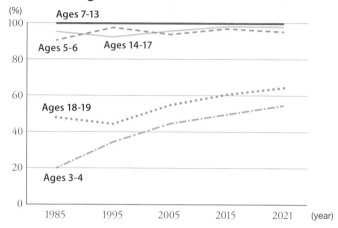

The above graph shows changes in school enrollment rates of the population ages 3-19 by age group from 1985 to 2021. ① The enrollment rates of all age groups were over 50 percent in 2021. ② Of all age groups, the enrollment rate for youth ages 7-13 was the highest during the entire period. ③ Of all age groups, the enrollment rate of children ages 5-6 kept increasing from 1985 to 2021. ④ For youth ages 14-17, the change in the enrollment rate from 1995 to 2005 was smaller than for youth ages 18-19. ⑤ The enrollment rate for children ages 3-4 is the lowest for each year.

 Quick Check

1 다음 영영사전 뜻풀이에 해당하는 단어를 본문에서 찾아 쓰시오.

_____ : all the people who live in a country or an area

2 본문의 내용과 일치하도록 적절한 어휘를 선택하시오.

From 1985 to 2021, the enrollment rate for youth ages 7-13 was the [lowest / highest] and the rate for children ages 3-4 was the [lowest / highest].

〈 New Words 〉

☐ graph	도표	☐ age group	연령 집단	☐ keep -ing	계속 ~하다
☐ change	변화; 바꾸다	☐ youth	어린이, 청년	☐ increase	증가하다
☐ enrollment	등록	☐ high	높은	☐ low	낮은 (lowest 가장 낮은)
☐ rate	비율	☐ during	~ 동안	☐ each year	매년
☐ population	인구	☐ entire	전체의		

유 형 소 개   이 유형은 글의 세부 내용을 얼마나 정확하게 파악했는지를 측정한다. 인물, 사물, 사건, 동식물 등에 관한 글이 대부분을 차지하며 정확하게 해석하는 능력이 요구된다.

대 표 예 제   **John Cann에 관한 다음 글의 내용과 일치하지 <u>않는</u> 것은?**   70% 고1 06월 모의고사 변형

In Australia, John Cann inherited his family business; reptile shows. His parents started their snake circus in 1919. Cann's mother was called Cleopatra, the name of the queen of Egypt who was bitten by a snake. Both parents were good at their profession and retired in good health. Their son has made good use of his lifelong experience with snakes. *He now advises the Australia Museum on reptiles. His goal is not only to entertain, but also to educate his audience about the value of these reptiles.

*inherit 물려받다

① 파충류 쇼를 가업으로 이어받았다.
② 어머니는 Cleopatra로 불렸다.
③ 부모님은 건강한 상태로 은퇴했다.
④ 뱀에 관한 경험을 잘 활용했다.
⑤ 파충류 박물관을 설립했다.

◀ New Words ▶

☐ reptile   파충류
☐ bite(bit-bitten)   물다
☐ be good at   ~을 잘하다
☐ profession   일, 직업

☐ retire   은퇴하다
☐ make use of   활용하다
☐ lifelong   평생의
☐ entertain   즐겁게 해 주다

☐ advise   조언하다
☐ educate   교육하다
☐ audience   관객들, 청중
☐ value   가치

함정탈출 유형풀이 전략!

1 문제 자체를 먼저 숙지한다.

: 본문의 내용과 일치하는 것을 묻는지, 일치하지 않는 것을 묻는지를 유의한다.

2 독해 전에 먼저 선택지를 보고, 확인할 사항을 파악한다.

: 선택지가 한글로 제시되기 때문에 확인할 사항을 미리 파악한 상태에서 글을 보면 독해 시간을 절약할 수 있다.

3 글을 읽으면서 선택지의 내용을 확인한다.

: 대개 글에 언급된 순서와 선택지의 순서가 일치하므로 글을 읽으면서 바로바로 체크하여 정답과 관련이 없다고 생각되는 것을 제외시켜 나간다. 단, 선택지에는 본문과 다른 어휘나 표현이 사용될 수도 있다.

Check! Reading Steps

Step ONE 문제를 파악한다. (일치/불일치)
⋯ 내용과 일치하지 않는 것은?

Step TWO 선택지를 보며 독해에서 중심적으로 볼 내용을 염두에 둔다.
⋯ 파충류 쇼 가업, 어머니의 별명, 부모님의 은퇴, 뱀에 관한 경험, 파충류 박물관 설립

Step THREE 선택지의 순서가 글의 내용 순서이므로, 글을 읽어 가면서 선택지와 대조한다.
⋯ *문장으로 보아, 박물관 설립 내용은 알 수 없다.

+ Grammar Plus!

'A뿐만 아니라 B도'라는 뜻의 「not only A but also B」
「not only A but also B」는 'A뿐만 아니라 B도'라고 해석해요. 「B as well as A」도 같은 뜻을 가져요.

◆ His goal is **not only to entertain, but also to educate** his audience about the value of these reptiles.
그의 목표는 관객들을 재미있게 하는 것뿐만 아니라 이 파충류의 가치에 대해 교육하는 것이다.

◆ Most people have **not only good habits but also bad ones**.
대부분의 사람들은 좋은 습관뿐만 아니라 나쁜 것들도 가지고 있다.

01

Moringa에 관한 다음 글의 내용과 일치하는 것은? 70% 고1 06월 모의고사 변형

Moringa is a plant that grows from five to twelve meters high. It has an umbrella shaped crown and a straight trunk. Although it is native to tropical climates, this tree can survive almost anywhere in the world. White flowers from this tree grow into long narrow seed pods. The fruits (pods) are light green at first, but eventually they become dark green. Moringa contains a lot of vitamins and minerals. The dried moringa leaf powder has seventeen times more calcium than milk, nine times more protein than yogurt, and twenty-five times more iron than spinach.

*pod (완두콩 따위의) 꼬투리

① 줄기가 휘어져 우산처럼 보인다.
② 열대 지역에 한하여 서식한다.
③ 꼬투리가 흰 꽃으로 변한다.
④ 꼬투리는 성장 초기에 짙은 녹색이다.
⑤ 말린 잎의 분말에 우유보다 많은 칼슘이 들어 있다.

Quick Check

1 본문의 내용과 일치하도록 적절한 어휘를 선택하시오.
Moringa is native to tropical climates but it [can / can't] survive anywhere.

2 다음 Moringa 나무의 특징을 정리하는 문장의 빈칸에 적절한 어휘를 글에서 찾아 쓰시오.
1) Color: The color of Moringa pods changes from ＿＿＿＿＿ ＿＿＿＿＿ to

＿＿＿＿＿ ＿＿＿＿＿ .

2) Nutrient: Dried moringa leaf powder contains a lot of ＿＿＿＿＿, ＿＿＿＿＿
and ＿＿＿＿＿ .

◀ New Words ▶

☐ shaped ～의 모양[형태]의
☐ crown 왕관
☐ straight 곧은; 똑바로
☐ trunk 줄기, (나무) 몸통, 코끼리 코
☐ native 원산지인; 원주민

☐ tropical 열대의
☐ climate 기후
☐ survive 생존하다
☐ narrow 좁은, 아슬아슬한; 좁히다
☐ eventually 나중에는, 결국

☐ contain 함유하다, 포함하다
☐ powder 분말, 가루
☐ protein 단백질
☐ iron 철분
☐ spinach 시금치

02

Protogenes에 관한 다음 글의 내용과 일치하지 <u>않는</u> 것은?　95% 수능 변형

　　Protogenes was an ancient Greek painter. He was born in Caunus, but lived most of his life in Rhodes. There are some stories of his paintings. The *Ialysus* and the *Satyr* were the most famous among his works. Protogenes spent about seven years painting the *Ialysus*. The painting remained in Rhodes for at least 200 years, and later it was moved to Rome. Protogenes worked on the *Satyr* during Demetrius Poliorcetes' attack on Rhodes. He painted the *Satyr* in a garden, and interestingly, it was in the middle of the enemy's camp. Protogenes was about seventy years of age when the *Satyr* was finished.

① 고대 그리스 화가였다.

② 일생의 대부분을 Rhodes에서 지냈다.

③ 'Ialysus'를 그리는 데 대략 7년을 보냈다.

④ 적진과 멀리 떨어진 곳에서 'Satyr'를 그렸다.

⑤ 'Satyr'를 완성했을 때는 약 70세였다.

Quick Check

1 다음 영영사전 뜻풀이에 해당하는 단어를 본문에서 찾아 쓰시오.

_____ : a violent act that hurts someone or destroys something

2 본문의 내용과 일치하면 T, 그렇지 않으면 F에 동그라미 하시오.

Before the *Ialysus* was moved back to Rhodes, it stayed in Rome for at least 200 years.　[T / F]

◀ New Words ▶

☐ ancient	고대의, 아주 오래된	☐ work	작품, 일	☐ interestingly	흥미롭게도
☐ Greek	그리스인, 그리스어	☐ remain	남아 있다, 계속 ~이다	☐ in the middle	가운데에
☐ painting	그림, 화법	☐ at least	적어도	☐ enemy	적
☐ famous	유명한	☐ during	~ 때, ~ 동안	☐ camp	진지, 야영지
☐ among	~ 중에서	☐ attack	공격		

UNIT 09 실용문

유 형 소 개   글을 읽고 세부 사항이 선택지의 내용과 일치하는지 파악하는 유형으로 주로 안내문, 광고문 등이 제시된다.

대 표 예 제   **Kings Park에 관한 다음 안내문의 내용과 일치하지 <u>않는</u> 것은?**   95% 고1 11월 모의고사 변형

Welcome to Kings Park!

THINGS TO ENJOY

- ◆ Take a free guided walk at 9:00 am, 12:00 noon and 3:00 pm daily.

- ◆ Visit the family area and a child-friendly cafe.

- ◆ Have a family gathering for a picnic and a barbecue.

- ◆ Enjoy an outdoor concert or film in summer.

Kings Park is open 24 hours every day.

There is a free shuttle bus into Kings Park from the city.

*Information and brochures are available from the visitor information center open 8:00 am - 4:00 pm every day or from www.thekingspark.org.

Enjoy your visit!

---

① 무료 가이드 산책을 할 수 있다.   ② 피크닉과 바비큐 파티를 할 수 있다.

③ 여름에 야외 콘서트를 즐길 수 있다.   ④ 셔틀버스를 무료로 이용할 수 있다.

⑤ 안내 센터는 주중에만 이용 가능하다.

◁ New Words ▷

☐ **free** 무료의, 자유의, ~이 없는	☐ **child-friendly** 어린이 친화적인	☐ **shuttle bus** 셔틀버스, 왕복 버스
☐ **guided** 가이드가 안내하는	☐ **gathering** 모임	☐ **brochure** 안내책자
☐ **area** 공간, 지역, 부위	☐ **outdoor** 야외의	☐ **available** 이용 가능한

유형풀이 전략!

1 제목과 소제목을 읽고 글의 소재 및 종류를 파악한다.

: 실용문의 경우, 내용은 다르더라도 비슷한 필수 항목이 있으므로 많은 지문을 경험하는 것이 좋다.

2 선택지를 먼저 읽고 해당 부분을 정확히 읽는다.

: 선택지는 지문의 순서와 일치하기 때문에 일치/불일치 여부를 바로 확인하고 오답 선택지는 주로 본문의 내용과 반대되는 표현 또는 일부 단어를 바꿔서 만들기 때문에 주의한다.

Check! Reading Steps

Step ONE 무엇에 관한 내용인지 파악한다.
⋯▸ Kings Park

Step TWO 선택지를 보며 독해에서 중심적으로 볼 내용을 염두에 둔다.
⋯▸ 무료 가이드 산책, 피크닉과 바비큐 파티 가능 여부, 여름 야외 콘서트, 무료 셔틀버스, 안내 센터 이용 가능 요일

Step THREE 선택지의 순서가 글의 내용 순서이므로, 글을 읽어 가면서 선택지와 대조한다.
⋯▸ *문장으로 보아, 안내 센터는 매일 이용 가능하다.

+ Grammar Plus!

'~할 것들'이란 뜻의 「things to V」
「things to V」는 '~ 할 것'이라는 뜻이에요. 단어 순서에 주의하세요!

◆ **THINGS TO ENJOY**
  즐길 것들

◆ There are **things to choose**.
  선택할 것들이 있다.

01 Poster Contest에 관한 다음 안내문의 내용과 일치하는 것은?

Poster Contest

Design a poster for the 2020 Science Film Festival!

The competition is open to anyone.

To enter: Entries should be submitted on 8.5"×11" paper.

The poster should not include any words.

Multiple entries are accepted.

Prizes: 1st Place Winner: Sunflower Tab

2nd Place Winners: Sunflower Wireless Headphones

Deadline: Friday, November 20, 2020

For more information, visit www.sciencefilm.org/postercontest.

① 참가 자격에 제한이 있다.
② 출품작의 크기는 자유롭다.
③ 포스터에 글자를 포함할 수 있다.
④ 여러 개의 출품작이 허용된다.
⑤ 1등은 썬플라워 무선 헤드폰을 받는다.

 Quick Check

1 다음 영영사전 뜻풀이에 해당하는 단어를 본문에서 찾아 쓰시오.
_____ : having many uses

2 본문의 내용과 일치하면 T, 그렇지 않으면 F에 동그라미 하시오.
You must visit the office to ask for the exact due date. [T / F]

--- New Words ---

☐ contest	콘테스트, 대회	☐ enter	참가하다, 들어가다	☐ accept	허용하다, 받아들이다
☐ design	디자인하다, 설계하다	☐ entry	출품작, 입장	☐ prize	(시)상
☐ film	영화, 필름	☐ submit	제출하다	☐ deadline	마감일
☐ festival	축제	☐ include	포함하다		
☐ competition	대회, 경쟁	☐ multiple	여러 개의, 다수의		

02

Harmony Youth Orchestra Auditions에 관한 다음 안내문의 내용과 일치하지 <u>않는</u> 것은?

94% 수능 변형

Harmony Youth Orchestra Auditions For the 2021 Season

Audition Dates: December 16th-20th, 2020

The Harmony Youth Orchestra is for you if you wish to participate in great musical performances under Harmony's conductor.

You must...

- be a middle or high school student.
- fill in an audition form and send it in with a recommendation letter by November 30th.

You will...

- get your audition time and place by e-mail 10 days before the audition.
- get the final results about a week after the audition by e-mail.

---

① 오디션 기간은 2020년 12월 16일부터 20일까지이다.

② 중·고등학생들이 지원할 수 있다.

③ 11월 30일까지 지원서와 추천서를 제출해야 한다.

④ 오디션 시간과 장소를 이메일로 받는다.

⑤ 오디션의 최종 결과를 전화로 통지받는다.

Quick Check

1 본문의 내용과 일치하면 T, 그렇지 않으면 F에 동그라미 하시오.
You must get a recommendation letter by November 30th. [T / F]

2 다음 영영사전 뜻풀이에 해당하는 단어를 본문에서 찾아 쓰시오.
_____ : a short performance given by an actor, dancer, or musician to be in a play, film, or orchestra

---

> **New Words**

☐ orchestra	관현악단	☐ conductor	지휘자	☐ recommendation	추천서
☐ audition	오디션	☐ middle school	중학교	☐ final	최종의, 마지막의
☐ participate in	~에 참여하다	☐ high school	고등학교	☐ result	결과
☐ performance	연주, 공연	☐ fill in	작성하다		

어법 정확성 파악

이 유형은 글에서 문법적 오류를 찾거나 주어진 표현 가운데 어법에 맞는 것을 선택하는 문제 유형이다. 밑줄 친 부분에서 틀린 부분을 고르는 유형의 문제 또는 네모 안에서 둘 중 하나를 고르는 유형의 어법 문제가 출제된다.

대 표 예 제 **다음 글의 밑줄 친 부분 중, 어법상 틀린 것은?** 69% 고1 03월 모의고사 변형

My friend Jimmy used ① **to complain** about the city of Los Angeles, where he lived for two years studying in a college. He wanted to go around and see the city, but he couldn't ② **because of** the traffic and the high prices. Jimmy thought life would be ③ **much** better if he could move to another city. After finishing his study and ④ **received** his degree, Jimmy moved to Boulder. However, he started to complain again about the cold weather. He regretted leaving the sunny weather and the ⑤ **exciting** lifestyle of Los Angeles.

· New Words ·

□ used to	~하곤 했다	□ traffic	교통	□ regret	후회하다
□ complain	불평하다	□ high price	높은 물가	□ lifestyle	생활
□ go around and see	곳곳을 돌아보다	□ degree	학위		

❶ 선택형의 경우, 박스 속의 두 항목의 차이가 무엇인지 구별한다. 밑줄형의 경우, 밑줄 친 부분이 어떤 문법 사항과 관련있는지 파악한다.

❷ 문법적인 요소뿐만 아니라, 의미도 함께 확인한다.
: 문장의 구조를 통해 형식적인 측면뿐만 아니라, 문맥의 자연스러움까지 확인해야 한다.

❸ '어법 오답 노트'를 만들어, 취약한 부분은 반복적으로 학습한다.

Check! Reading Steps

Step ONE 밑줄 친 단어가 어법의 어떤 항목과 관련이 있는지 파악한다.

⋯ ④ after 다음에 finishing과 등위접속사 and로 연결되어 병렬 구조를 이루고 있으므로, receiving을 써야 한다.

① 「used to + 동사원형」은 '~하곤 했다'는 과거의 습관을 뜻한다.

② because of 뒤에는 (동)명사 (어구)가 나온다.

③ 비교급 better을 강조하는 말로 much를 사용한다.

⑤ '흥미로운' 생활이라는 의미로 lifestyle을 수식하는 감정 분사 exciting을 쓴다.

Step TWO 밑줄 친 부분 중 문법적으로 혹은 의미적으로 틀린 부분을 고른다.

+ Grammar Plus!

'~ 한 것을 후회하다'의 표현인 「regret+Ving」

「regret + Ving」는 '~한 것을 후회하다'라는 뜻이에요. 그러나 「regret + to V」가 되면 '~하게 되어 유감이다'라는 의미가 되니 주의해야 해요.

◆ He **regretted leaving** the sunny weather.
그는 화창한 날씨를 떠나온 것을 후회했다.

◆ I **regret making** my mistake.
나는 내가 실수한 것에 대해 후회한다.

01

(A), (B), (C)의 각 네모 안에서 어법에 맞는 표현으로 가장 적절한 것은? 66% 고1 09월 모의고사 변형

We use many natural materials such as cotton, wool, and metal. They come from plants or animals, or they are (A) **dug / digging** from the ground. In place of natural materials, we can use plastics to make clothes, parts for cars, and many other things. Plastics are synthetic materials, which means (B) **that / what** they are made from chemicals in factories. An important quality of plastics (C) **is / are** that they are easy to shape. People can make all kinds of objects with plastics.

*synthetic 합성의

	(A)		(B)		(C)
①	dug	·····	that	·····	is
②	dug	·····	what	·····	is
③	dug	·····	that	·····	are
④	digging	·····	what	·····	are
⑤	digging	·····	that	·····	are

Quick Check

1 본문의 내용과 일치하면 T, 그렇지 않으면 F에 동그라미 하시오.
Cotton, wool, and plastics are natural materials.　　　　　　　　　[T / F]

2 다음 빈칸에 알맞은 말을 윗글에서 찾아 쓰시오.
We get _____ _____ from plants, animals, or from the ground, but we get _____ from factories.

· New Words ·

□ material	자원, 재료	□ in place of	~ 대신에	□ important	중요한
□ cotton	솜, 면화	□ clothes	옷	□ quality	특질, 특성
□ wool	양모	□ be made from	~로부터 만들어지다	□ all kinds of	모든 종류의
□ metal	금속	□ chemical	화학 물질	□ object	물건
□ dig(-dug-dug)	땅을 파다, 구멍을 파다	□ factory	공장		

02 다음 글의 밑줄 친 부분 중, 어법상 틀린 것은?

44% 수능 변형

Moving a short distance looks very easy. Therefore, you might think that you can do it right away with ① **little** effort. You may also think that you don't need the help of a moving company, and decide to use your own car instead. Well, you might be wrong. You probably think that you do not have as many items as you really ② **do**. You will find out ③ **too** late that your car is too small to carry those items, so it takes you far more trips to your new home. There is also the risk of ④ **damage** your things. If all these things are ⑤ **considered**, it is better to ask for the services of a moving company.

 Quick Check

1 다음 빈칸에 적절한 말을 넣어 윗글의 제목을 완성하시오.
How to Move a Short Distance with _____ _____

2 본문의 내용과 일치하면 T, 그렇지 않으면 F에 동그라미 하시오.
Asking your friends to help you move can be a good idea. [T / F]

• New Words •

☐ move	이사하다, 움직이다	☐ moving company	이삿짐 회사	☐ carry	나르다, 운반하다, 지니다
☐ distance	거리	☐ decide	결정하다	☐ risk	우려, 위험
☐ therefore	그래서, 그러므로	☐ own	자신의; 소유하다	☐ damage	훼손하다; 손상
☐ little	거의 없는, 적은	☐ instead	대신에	☐ consider	고려하다
☐ effort	노력	☐ find out	깨닫다, 알아내다		

어휘 적절성 파악

유 형 소 개   이 유형은 문맥에 알맞은 어휘를 고르는 문제로 풍부한 어휘력과 문장 해석 능력을 요구하며, 밑줄 친 단어의 쓰임의 적절성 유무를 판단하는 밑줄형과, 글의 흐름에 맞게 문맥상 적절한 표현을 고르는 선택형이 있다.

대 표 예 제   **다음 글의 밑줄 친 부분 중, 문맥상 낱말의 쓰임이 적절하지 않은 것은?**   70% 고1 03월 모의고사 변형

If your children ① **imitate** a celebrity who has a troubled private life, how would you feel? You would worry that their ② **personal** lives might affect your kids. This is because you believe that celebrities should be role models for kids in all ways. But, don't worry! Your kids just want to be like the celebrities in their ③ **performance** as professionals, not in their private behavior. They are just ④ **uncommon** people except for their excellent skills in their field. Therefore, you should not expect them to be ⑤ **perfect** in every way.

◀ New Words ▶

☐ imitate	모방하다	☐ personal	사적인, 개인의	☐ behavior	행동
☐ celebrity	유명 인사	☐ affect	영향을 주다	☐ uncommon	특별한
☐ troubled	문제가 있는	☐ performance	일	☐ except for	~를 제외하고
☐ private	개인적인	☐ professional	전문가	☐ expect	기대하다

정답과 해설 P.15

1 유사 어휘를 정확하게 암기한다.

: 철자는 비슷하지만 뜻이 다른 단어, 발음은 같지만 철자가 다른 단어는 철저하게 암기해야 한다.

2 반의어, 파생어를 학습한다.

: 선택형의 문제는, 주로 반대의 뜻을 가진 어휘가 출제되고 있으므로 단어를 외울 때 반의어를 함께 외우면 도움이 된다. 또한 접두사나 접미사를 통한 파생어 학습도 필요하다.

3 다의어의 뜻에 유의하면서 글의 내용을 정확히 이해한다.

: 문맥에 따라 여러 가지 뜻으로 활용되는 일부 단어의 경우, 단어의 뜻만 안다고 해서 문제를 풀 수 있는 것이 아니기 때문에 글 전체의 내용을 정확하게 이해해야 한다.

Check!   Reading Steps

Step ONE   글의 소재를 파악한 후, 상황을 이해한다.

⋯ celebrity, private, affect, professionals...

Step TWO   글 전체의 문맥을 생각하면서 문맥에 어울리는 적절한 어휘를 선택한다.

⋯ 글의 내용상 유명 인사는 자신들의 영역에서만 뛰어나고 나머지 부분에서는 평범한 사람이라는 의미와 어울리는 어휘를 선택해야 한다.

➕ Grammar Plus!

'이것은 ~ 이기 때문이다'라는 의미의 「This is because S+V (이유)」

「This is because S + V (이유)」는 '이것은 ~ 이기 때문이다'라는 뜻이에요. 단, 「That's why S + V (결과)」는 '그것은 ~인 이유이다'라는 뜻이므로 주의하세요.

◆ **This is because** you believe that celebrities should be role models for kids in all ways.
  이것은 당신은 유명 인사들이 모든 면에서 아이들에게 역할 모델이 되어야 한다고 믿기 때문이다.

◆ She is so sleepy now. **This is because** she studied hard last night.
  그녀는 지금 매우 졸리다. 이것은 그녀가 어젯밤에 열심히 공부했기 때문이다.

  cf) She studied hard last night. **That's why** she looks so sleepy.
  그녀는 어젯밤 열심히 공부했다. 그것이 그녀가 졸려 보이는 이유이다.

01

(A), (B), (C) 각 네모 안에서 문맥에 맞는 낱말로 가장 적절한 것은? [74%] 고1 03월 모의고사 변형

On August 15 1947, India became independent from British rule. However, India was now (A) united / divided by religion. India became a Hindu country. But Pakistan was separated from India, and it became a Muslim country. Immediately both countries began fighting. Gandhi started fasting on January 13 1948 to (B) protest / support the fighting between Hindus and Muslims. Five days later, the leaders from India and Pakistan (C) agreed / disagreed to make peace and Gandhi stopped fasting.

*fast 단식하다

	(A)		(B)		(C)
①	united	······	protest	······	disagreed
②	united	······	support	······	agreed
③	divided	······	protest	······	disagreed
④	divided	······	protest	······	agreed
⑤	divided	······	support	······	disagreed

Quick Check

1 본문의 내용과 일치하도록 적절한 어휘를 선택하시오.
India was divided into a(n) _____ country and a(n) _____ country.

2 본문의 내용과 일치하면 T, 그렇지 않으면 F에 동그라미 하시오.
Gandhi started fasting because the Indians and the British fought over religion.
[T / F]

· New Words ·

□ independent	독립된	□ Hindu	힌두교 신자; 힌두교의	□ support	지지하다
□ rule	지배, 통치	□ be separated from	~로부터 분리되다	□ leader	지도자, 대표
□ unite	연합하다, 통합시키다	□ Muslim	이슬람교도; 이슬람교의	□ agree	동의하다
□ divide	분리하다, 나누다	□ immediately	즉시	□ make peace	화해하다
□ religion	종교	□ protest	항의하다; 항의		

02

다음 글의 밑줄 친 부분 중, 문맥상 낱말의 쓰임이 적절하지 <u>않은</u> 것은?

65% 수능 변형

Many people take lots of photos during special moments. They do that because they want to ① **keep** the experience for the future. But the role of a photographer may take away ② **happiness** in the present moment. A father took pictures of the birth of his first and only child. The photos were beautiful but, he ③ **regretted** taking them afterwards. Looking through the camera lens ④ **separated** him from the scene. So, learn to use your camera in a way that ⑤ **ignores** your ongoing experiences, by truly looking at beautiful and meaningful things.

 Quick Check

1 본문의 내용과 일치하면 T, 그렇지 않으면 F에 동그라미 하시오.
The father didn't see the birth of his first and only child. [T / F]

2 다음 빈칸에 적절한 말을 넣어 윗글의 요지를 완성하시오.
Learn to use your camera in a way to enhance your _____ _____.

〈 New Words 〉

☐ moment	순간	☐ take away	없애다, 빼앗아 가다	☐ ignore	무시하다
☐ experience	경험	☐ present	현재의	☐ ongoing	진행하는
☐ role	역할	☐ regret	후회하다	☐ meaningful	의미 있는
☐ photographer	사진사	☐ separate	분리하다, 떨어뜨리다	☐ enhance	증진시키다

유형소개 이 유형은 글의 요지나 주제를 파악한 뒤, 그것을 가장 잘 함축하는 선택지를 찾는 단어 추론 문제 유형이다. 빈칸에 들어갈 단어는 글 전체의 핵심어나 주제어는 물론 반의어 또는 동의어가 될 수 있다.

대표예제 **다음 글의 빈칸에 들어갈 말로 가장 적절한 것은?** 69% 고1 06월 모의고사 변형

'Communifaking' means pretending to talk or send text messages on a cell phone. The most common reason is for impression management. While waiting for friends, people fake phone calls not to look like a lonely person. Another reason is for _____. A woman told ABCNews.com her story. She was at a gas station one night. There was only one other car, and a scary-looking man was at the gas pump. *So, she pretended to talk on the phone out of fear. She said, "I did it so that the man wouldn't talk to me."

① protection
② curiosity
③ fun
④ cooperation
⑤ appointment

· New Words ·

□ pretend	~인 척하다, 가장하다	□ fake	속이다, 위조하다	□ protection	보호
□ common	보통의; 공통의	□ gas station	주유소	□ curiosity	호기심
□ impression	체면, 인상	□ scary-looking	무섭게 생긴	□ cooperation	협동
□ management	관리, 경영	□ out of fear	두려움을 느껴	□ appointment	약속; 임명

유형풀이 전략!

1 먼저 빈칸이 있는 문장과 선택지를 읽는다.

: 글을 읽기에 앞서 빈칸의 의도를 파악하는 것이 중요하며, 선택지를 읽고 글의 흐름과 관련하여 빈칸에 들어갈 내용을 추측해 본다.

2 글의 구성과 빈칸의 위치에 따라 접근 방식을 달리한다.

: 대개 빈칸의 위치는 글의 처음, 중간, 마지막으로 나눌 수 있다. 글의 앞부분에 있는 빈칸은 포괄적인 핵심 소재에 대해, 중간은 핵심어의 세부 사항 또는 반의어에 대해, 마지막은 주제어 또는 동의어에 대해 진술한다. 특히, 빈칸 앞뒤에서 언급된 내용은 추론에 매우 중요하므로 주목한다.

3 자주 반복되는 단어나 어구에 유의한다.

: 빈칸은 대부분 글의 중심 소재나 주제에 해당하는 부분이다. 글을 읽으면서 주제나 요지와 관련 있는 단어 또는 어구를 통해 단서를 찾아야 하며, 선택지는 본문에서 주제와 관련 있는 핵심 어구를 다른 말로 바꾸어 놓은 것이 많으므로 주의해야 한다.

Check! Reading Steps

Step ONE 우선, 빈칸에 있는 문장과 선택지를 읽는다.

⋯▸ "또 다른 한 가지 이유는 _____를 위한 것이다."라는 빈칸이 포함된 문장에 선택지를 모두 대입해 본 후, 지문으로 들어간다.

Step TWO 빈칸을 중심으로 앞뒤에 언급된 내용에 유의한다.

⋯▸ 빈칸 뒤 *문장을 보면, 여자가 주유소에서 두려움을 느껴 전화하는 척하는 상황이 나온다. 이를 포괄적으로 담을 수 있는 어휘에 주목한다.

Step THREE 글의 주제나 요지를 파악한 후, 선택지를 빈칸에 넣어 연결이 자연스러운지를 확인한다.

⋯▸ 자신을 '보호'하기 위해 communifaking을 한다는 예시가 등장했다.

+ Grammar Plus!

'~하기 위하여'의 의미로 목적을 나타내는 「to V」

「to V」는 '~하기 위하여'라고 해석하며 목적을 나타내는 부사적 용법이에요. 「to V」 앞에 not을 붙여 「not to V」가 되면 '~하지 않기 위하여'라고 해석할 수 있어요.

• People fake phone calls **not to look like a lonely person**.
  사람들은 외로운 사람으로 보이지 않기 위해 전화하는 척한다.

• James walked fast to school **not to be late for his first class**.
  James는 그의 첫 번째 수업에 늦지 않기 위하여 학교로 빠르게 걸어갔다.

01 다음 글의 빈칸에 들어갈 말로 가장 적절한 것은?

78% 고1 03월 모의고사 변형

A recent study shows that kids who watch a lot of TV tend to be more _____ than those who do not. Can you guess why? It's because of the commercials on TV! When kids watch TV, they also see the commercials between programs. In those commercials, their favorite cartoon characters often advertise junk food. Since it is very appealing, kids want to go out and get it right away! Kids who watch those attractive commercials also tend to stay only at home and get less exercise.

① active
② violent
③ diligent
④ humorous
⑤ overweight

Quick Check

1 다음 영영사전 뜻풀이에 해당하는 단어를 본문에서 찾아 쓰시오.
_____ : an advertisement on television or radio

2 본문의 내용과 일치하면 T, 그렇지 않으면 F에 동그라미 하시오.
Kids watching a lot of TV tend to exercise less and they become overweight.
[T / F]

───────────── · New Words · ─────────────

☐ recent	최근의	☐ cartoon	만화	☐ active	활동적인
☐ study	연구, 공부	☐ character	등장인물, 성격, 문자	☐ violent	폭력적인
☐ tend to	~하는 경향이 있다	☐ advertise	광고하다	☐ diligent	부지런한
☐ those who	~하는 사람들(~하는 아이들)	☐ appealing	매력적인, 끌리는	☐ humorous	유머러스한
☐ commercial	광고	☐ right away	당장	☐ overweight	과체중의
☐ favorite	가장 좋아하는	☐ attractive	매력적인		

02

다음 글의 빈칸에 들어갈 말로 가장 적절한 것은?

88% 수능 변형

What do you do in 30 minutes after eating your evening meal? If you do something, it sends powerful signals to your metabolism. You'll get more energy throughout the evening hours. Also, you can have a weight-loss benefit if you stay _____ after your meal. Among many possible activities, walking is one of the easiest exercises to do after a meal. Research shows that if you walk after a meal, you may burn more calories. However, if you walk with an empty stomach, you may not get the same result.

*metabolism 신진대사

① active　　　　　　　　② alone
③ full　　　　　　　　　④ satisfied
⑤ silent

Quick Check

1 다음 영영사전 뜻풀이에 해당하는 단어를 본문에서 찾아 쓰시오.
_____ : an occasion when food is prepared and eaten at a specific time

2 본문의 내용과 일치하도록 적절한 어휘를 선택하시오.
You can have a weight-loss benefit if you exercise [after / before] your meal.

New Words

☐ meal	식사	☐ weight-loss	체중 감량	☐ active	활동적인
☐ powerful	강력한, 매우 효과 있는	☐ benefit	혜택, 이익	☐ full	배부른, 가득한
☐ signal	신호	☐ activity	활동	☐ satisfied	만족한
☐ energy	활력, 에너지	☐ research	연구, 조사	☐ silent	침묵을 지키는, 조용한
☐ throughout	내내, 도처에	☐ empty	공복의, 배고픈, 빈	☐ prepare	준비하다, 마련하다

빈칸 내용 추론 ② - 어구

유 형 소 개   이 유형은 수능에서 가장 어려운 유형 중 하나이다. 그 이유는 글의 주제를 파악한 뒤, 글 전체의 흐름 속에서 빈칸에 들어갈 알맞은 어구나 절을 추론해야 하기 때문이다. 빈칸이 포함된 문장은 그 글의 주 제문인 경우가 많으므로, 뒷받침하는 문장을 근거로 빈칸 내용을 추론해야 하는 어려움이 있다.

대 표 예 제   **다음 글의 빈칸에 들어갈 말로 가장 적절한 것은?**   64% 고1 03월 모의고사 변형

These days, many people are rediscovering the benefits of _____. They remember the sweet smell of apple pie in their ovens, or the warmth of homemade turkey. *The memories of these warm foods include the people who ate them together. Eating those delicious foods together makes our relationships strong. It is also the way we care for each other. Food is more than calories and nutrients for the body; it is something that makes the soul rich as well.

*nutrient 영양소

① sharing meals
② going on a diet
③ keeping a diary
④ working together
⑤ buying healthy food

◀ New Words ▶

☐ **rediscover**   재발견하다   ☐ **relationship**   관계   ☐ **as well**   또한
☐ **benefit**   이익, 이점   ☐ **care for**   ~에 관심을 갖다,   ☐ **share**   공유하다
☐ **warmth**   온기, 따뜻함   ~를 염려[걱정]하다   ☐ **go on a diet**   다이어트를 시작하다
☐ **include**   포함하다   ☐ **soul**   영혼   ☐ **keep a diary**   일기를 쓰다

함정탈출 유형풀이 전략!

1 먼저 빈칸이 있는 문장과 선택지를 읽는다.

: 글을 읽기에 앞서 빈칸의 의도를 파악하는 것이 중요하며, 선택지를 읽고 글의 흐름과 관련하여 추측한다.

2 글의 구성을 파악한 후, 빈칸을 전후한 문장에 주의를 기울인다.

: 빈칸의 위치에 따라 주제문 또는 세부 사항에 해당하는 문장일 수 있기 때문에 구성을 먼저 파악한 후, 빈칸 앞뒤가 어떤 흐름으로 전개되는지 주의한다.

3 글의 주제를 생각하고, 연결이 자연스러운지 확인한다.

: 한 단락 내에서 모든 문장은 주제를 향해 일관성을 가져야 하므로, 빈칸에 들어갈 말이 전체 흐름에 자연스러운지 살핀다.

Check! Reading Steps

Step ONE 먼저 빈칸이 있는 문장과 선택지를 읽는다.

⋯→ "많은 사람들이 _____의 이점들을 재발견하고 있다."라는 빈칸이 포함된 문장에 선택지를 모두 대입해 본 후, 지문을 읽는다.

Step TWO 빈칸의 앞뒤 문장을 살핀다.

⋯→ 빈칸의 위치가 지문의 앞이며 이후의 문장들이 주제문을 뒷받침해 주고 있으므로 빈칸이 포함된 문장은 주제문이다. 특히 ＊문장을 통해 빈칸의 패러프레이징 유추가 가능하다.

Step THREE 주제와의 관련성을 고려하여 문장 연결이 자연스러운지 확인한다.

⋯→ 음식에 대한 기억에는 함께 먹는 사람들이 포함되어 있으며, 음식을 함께 한다는 것은 사람과의 관계도 강하게 해 준다는 내용이다.

+ Grammar Plus!

'～하는 것은'의 의미인 동명사의 주어 역할을 하는 「Ving」

동명사는 동사원형에 'ing'를 붙여 명사 역할을 하고 주어, 목적어, 보어로 쓰일 수 있어요. 주어로 쓰이는 동명사 뒤의 동사는 단수 동사를 써요.

• **Eating those delicious foods together** makes our relationships strong.
그 맛있는 음식들을 함께 먹는 것은 우리의 관계를 강하게 만든다.

• **Traveling to Africa for medical volunteering** was the most valuable experience for me.
의료 봉사를 위해 아프리카로 여행한 것은 나에게 있어 가장 가치 있는 경험이었다.

01 다음 글의 빈칸에 들어갈 말로 가장 적절한 것은?

62% 고1 03월 모의고사 변형

Most dinosaurs were much larger than the reptiles that we have today. The legs of most reptiles today are on the sides of their body. However, dinosaurs' legs were on the bottom of their body. Therefore, they could stand up on their back legs. Also, today's reptiles use the environment to control their body temperature. On the other hand, dinosaurs controlled their own body temperature. They did not depend on their surroundings. For these reasons, people say that dinosaurs and modern reptiles _____.

*reptile 파충류

① survived the ice age
② once ruled the earth
③ competed for their food
④ have the same ancestors
⑤ are actually quite different

Quick Check

1 다음 빈칸에 적절한 말을 넣어 윗글의 제목을 완성하시오.
What _____ dinosaurs from modern reptiles?

2 본문의 내용과 일치하도록 알맞은 어휘를 고르시오.
[Dinosaurs / Reptiles] have to seek shade in order to cool down.

· **New Words** ·

☐ dinosaur	공룡	☐ on the other hand	반면에	☐ compete	다투다, 경쟁하다
☐ stand up	일어서다	☐ surroundings	주변 환경	☐ ancestor	조상
☐ environment	환경	☐ survive	~에서 살아남다,	☐ actually	실제로
☐ control	조절하다		생존하다	☐ distinguish	구별하다
☐ body temperature	체온	☐ rule	지배하다		

02

정답과 해설 P.18

다음 글의 빈칸에 들어갈 말로 가장 적절한 것은?

Have you ever heard anyone say about a dog, "Well, he's very successful and lives in a beautiful house, but he's not very happy"? Most dogs are much happier than most people, and the reason is that dogs don't care about external circumstances like we do. Even when it's raining heavily outside, my dogs still want to go for a walk. I usually wait until the rain stops, and then we all go out together. The fact that the ground is wet and there are mud puddles _____. I carefully walk around the wet spots, but the dogs happily splash through them.

① makes us take a shorter walk

② causes great excitement in me

③ puts the dogs in trouble

④ means nothing to the dogs

⑤ makes me want to walk around

Quick Check

1 다음 영영사전 뜻풀이에 해당하는 단어를 본문에서 찾아 쓰시오.

_____ : a small area of water on the ground after rain

2 본문의 내용과 일치하면 T, 그렇지 않으면 F에 동그라미 하시오.

People are more affected by external circumstances than dogs.　　　[T / F]

〈 New Words 〉

☐ successful	성공한, 성공적인	☐ heavily	심하게	☐ mud	진흙
☐ reason	이유	☐ go for a walk	산책하다	☐ puddle	웅덩이
☐ care about	~에 대해 신경 쓰다	☐ wait	기다리다	☐ spot	곳, 자리
☐ external	외부의	☐ fact	사실	☐ splash	첨벙거리다
☐ circumstance	환경	☐ ground	땅		

UNIT 14 흐름에 무관한 문장 찾기

유 형 소 개 이 유형은 글의 통일성을 파악하는 능력을 묻는 유형으로, 일반적으로 하나의 단일한 소재나 주제에 대해 언급하는 첫 문장이 주어지며, 그 소재나 주제를 뒷받침하는 주요 세부 사항의 내용 중 흐름상 관련이 없는 문장을 찾아내면 된다.

대 표 예 제 **다음 글에서 전체 흐름과 관계 없는 문장은?** 83% 고1 03월 모의고사 변형

There are children who don't want to learn to read. Do you know why? ① They think their parents will stop reading bedtime stories to them if they can read. ② Usually, children like their parents' attention while listening to bedtime stories. ③ The eldest children tend to be independent at an early age. ④ They might be afraid that this special attention will disappear if they learn to read. ⑤ So, as parents, let them know that you will continue to read stories to them even after they learn to read by themselves.

◀ New Words ▶

☐ bedtime story	잠재울 때 들려주는 이야기[동화]	☐ tend to	~하는 경향이 있다	☐ disappear	사라지다
		☐ independent	독립한, 독립적인	☐ by oneself	혼자서, 홀로
☐ attention	관심, 배려, 주의, 돌봄	☐ at an early age	이른 나이에		
☐ the eldest	가장 나이가 많은	☐ special	특별한		

함정탈출 유형풀이 전략!

1 글의 주제와 핵심 소재를 파악한다.

: 이 유형의 글은 대부분 두괄식으로 구성된 것이 많으므로, 첫 문장에 유의하여 핵심 소재를 파악하고 주제를 예측한다.

2 하나의 주제를 중심으로 각 문장의 통일성을 생각하며 읽어 나간다.

: 글의 주제나 소재를 기억하면서 각각의 문장이 주제나 소재에서 벗어나지 않고 자연스럽게 이어지는지 확인한다. 특히 문장 간의 관계를 긴밀하게 해 주는 지시어나 연결어에 유의하여 글을 읽는다.

3 전체 흐름에서 벗어난 문장을 찾는다.

: 같은 소재를 언급했어도 다른 주제를 지니고 있으면 글의 통일성을 해치므로 흐름에 맞지 않다.

Check! Reading Steps

Step ONE 문단의 첫 문장에서 제시되는 소재를 정확하게 파악한다.

⋯ children who don't want to learn to read

Step TWO 선택지 ①에서 글의 전개 방향을 파악한다.

⋯ 질문에 대한 답으로 이어지고 있으며, 그러한 상황이 벌어지는 이유에 대해 설명하고 있다.

Step THREE 소재와 선택지 ①을 통해 추측한 주제를 가지고 나머지 선택지 ②~⑤의 내용을 주제와 비교한다.

⋯ 글을 읽을 수 있게 되면 부모가 더 이상 아이들에게 옛날이야기를 읽어주는 것을 멈출 것이라고 생각하여 아이들이 글 읽는 법을 배우고 싶어 하지 않는 것이 글의 주제이다. 글의 중간에 맏이들이 이른 나이에 독립적이 되기 쉽다는 내용은 글의 흐름과 관련이 없다.

+ Grammar Plus!

「stop+Ving」
'~하는 것을 멈추다'의 의미를 가지고 있어요. 그러나, 「stop+to V」가 되면 '~하기 위해 멈추다'라는 의미가 되니 주의해야 해요.

◆ They think their parents will **stop reading** bedtime stories.
그들은 그들의 부모가 옛날이야기를 읽어주는 것을 멈출 것이라고 생각한다.

◆ He **stopped talking** to her.
그는 그녀에게 말하는 것을 멈췄다.

01 다음 글에서 전체 흐름과 관계 <u>없는</u> 문장은?

89% 고1 11월 모의고사 변형

Your mouth is the first stage of the digestive process. ① When you bite and chew your food, it becomes smaller, softer, and easier to swallow. ② You close your mouth and crunch your food into smaller pieces with your teeth. ③ As your food moves around, it becomes coated in saliva. ④ Nutrients from the food in your stomach can go directly into the blood. ⑤ Food becomes smaller in your mouth, which helps with the next step of digestion.

*saliva 침, 타액

Quick Check

1 윗글의 내용과 일치하도록 빈칸에 적절한 어휘를 쓰시오.
The digestive progress starts in ＿＿＿＿＿ ＿＿＿＿＿.

2 다음 영영사전 뜻풀이에 해당하는 단어를 본문에서 찾아 쓰시오.
＿＿＿＿＿ : the process of digesting food

◁ New Words ▷

- □ stage   단계; 상연하다
- □ digestive   소화의
- □ process   과정, 진행; 가공하다, 처리하다
- □ bite   (베어) 물다
- □ chew   씹다

- □ swallow   삼키다; 제비
- □ crunch   아삭아삭 씹다, 부수다
- □ coated   막이 씌워진, 코팅된
- □ nutrient   영양분
- □ stomach   위

- □ directly   곧 바로, 직접
- □ blood   혈액, 피
- □ digestion   소화

02

다음 글에서 전체 흐름과 관계 <u>없는</u> 문장은? 88% 수능 변형

Roman doll-makers used technology developed by the Egyptians and Greeks. However, they tried to make dolls beautiful according to their own artistic culture. ① In Rome, an ivory doll was found next to her owner who died at the age of eighteen. ② The understanding of civilization raised knowledge of other roles of trade. ③ Next to the doll, there was a small ivory box which had tiny combs and a mirror. ④ The doll had rings on her fingers and held a tiny key to open the box. ⑤ Like children today, the younger members of Roman civilization dressed and decorated their dolls.

 Quick Check

1 본문의 내용과 일치하면 T, 그렇지 않으면 F에 동그라미 하시오.
A small ivory box was found far from the ivory doll. [T / F]

2 다음 영영사전 뜻풀이에 해당하는 단어를 본문에서 찾아 쓰시오.
_____ : the language, customs, ideas, and art of a country or group of people

────────── New Words ──────────

□ Roman	고대 로마의	□ according to	~에 따라, ~에 따르면	□ trade	무역, 교역
□ doll-maker	인형 제작자	□ artistic	예술적인, 예술의	□ tiny	작은
□ technology	기술, 기계, 장비	□ culture	문화	□ comb	빗; 빗질하다
□ Egyptian	이집트인, 이집트어의,	□ ivory	상아로 만든; 상아, 상아색	□ hold	쥐고 있다, 잡다
	이집트 사람의	□ civilization	문명	□ decorate	장식하다, 꾸미다
□ Greek	그리스인, 그리스어	□ knowledge	지식, 인식, 이해		

유 형 소 개 이 유형은 글의 일관성을 파악하는 능력을 요구한다. 글은 주제를 효과적으로 전달하기 위해 논리적인 연관성을 지니고 있어야 한다. 글의 순서 찾기는 이러한 특성을 파악하는 유형으로 기준이 되는 글을 제시하고 나머지 문장을 논리적으로 배열하는 형태이다.

대 표 예 제 **주어진 글 다음에 이어질 글의 순서로 가장 적절한 것은?** 78% 고1 03월 모의고사 변형

> Peter Tompkins and Christopher Bird wrote the book, *The Secret Life of Plants*. In the book, they described an experiment about two seeds which were planted in different places.

(A) Thus, be careful when you are talking in front of your plants. They may be listening to you!

(B) While the plants were growing, one plant was given love and positive ideas. The other plant was given only negative ideas.

(C) After six months, the loved plant was bigger. It had more and longer roots, a thicker stem and more leaves.

① (A) – (C) – (B)　　　　　　② (B) – (A) – (C)
③ (B) – (C) – (A)　　　　　　④ (C) – (A) – (B)
⑤ (C) – (B) – (A)

◆ New Words ▶

□ describe	설명하다	□ plant	심다; 식물	□ root	뿌리
□ experiment	실험	□ positive	긍정적인	□ thick	두꺼운
□ seed	씨앗	□ negative	부정적인	□ stem	줄기

유형풀이 전략!

1 **주어진 글을 먼저 읽고, 문단의 연결 고리가 되는 연결어나 대명사, 한정어를 잘 살핀다.**

: 글의 내용을 연결시켜 주는 지시대명사나 인칭대명사, 그리고 연결사에 유의한다. 첨가 (also, in addition, furthermore, moreover), 원인과 결과 (therefore, accordingly, as a result), 역접과 대조 (however, nevertheless, conversely), 예시 (for example, for instance) 등을 단서로 이용하도록 한다.

2 **부분적으로 짝을 지어 순서를 정해 본다.**

: 한 번에 순서를 정하려고 하지 말고 시간 순서나 공간 순서 또는 인과 관계를 나타내는 말을 단서로 해서 논리적으로 이어져야 하는 글 또는 이어지지 못할 글 등 두 개씩 부분적으로 순서를 정한다.

3 **전체 글의 예상 순서를 정한 후 재검토한다.**

: 글의 순서를 정한 뒤, 그 순서대로 글을 다시 한 번 빠르게 읽어 흐름이 자연스러운지 확인한다.

Check! **Reading Steps**

Step ONE 주어진 글을 먼저 읽고, 문단의 연결 고리가 되는 연결어나 대명사, 한정어를 잘 살피며 글 전체의 내용을 파악한다.

⋯⋯ two seeds, thus, one, the other, after six months, the loved plant

Step TWO 제시된 글을 이어 줄 단서에 유의하면서 글의 내용을 연결한다.

⋯⋯ 각기 다른 장소에 심은 두 개의 씨앗에 대한 실험 이야기로, 두 씨앗에게 각각 긍정적 생각과 부정적 생각을 주며 키웠다. 6개월이 지난 뒤 긍정적 생각을 준 식물이 더 잘 자랐고 결국 식물 앞에서 말할 땐 조심해야 한다는 내용으로 이어지는 것이 글의 순서로 가장 적절하다.

Step THREE 답을 정한 후에 순서대로 글을 읽고 확인한다.

+ **Grammar Plus!**

막연한 사람이나 사물을 나타내는 부정대명사

「one ~, the other ~」는 두 개의 대상이 있을 때 막연하게 하나와 나머지 하나를 뜻해요. 「one ~, another ~, the other ~」는 세 개의 대상이 있을 때 막연하게 하나, 또 다른 하나, 그리고 나머지 하나를 뜻해요.

◆ **One** plant was given love and positive ideas and **the other** plant was given only negative ideas.
한 식물에게는 사랑과 긍정적인 생각을 주었고 나머지 한 식물은 단지 부정적인 생각만을 받았다.

◆ There are three balls. **One** is blue, **another** is red, and **the other** is black.
세 개의 공들이 있다. 하나는 파랑색, 또 다른 하나는 빨간색, 그리고 나머지 하나는 검정색이다.

01

주어진 글 다음에 이어질 글의 순서로 가장 적절한 것은?

74% 고1 11월 모의고사 변형

> Imagine that a study on the effects of drinking coffee comes out in the news. The study says that drinking at least three cups a day greatly improves memory.

(A) Then she reads a newer study. It says drinking more than two cups of coffee a day decreases attention and increases anxiety.

(B) A woman reads this study, and she starts to drink three cups of coffee every day. She thinks she remembers things better because she drinks more coffee.

(C) The second study is also powerful. She thinks, "I am feeling more anxious lately, and maybe I'm not as focused as I thought," and she begins drinking two cups of coffee a day.

① (A) – (C) – (B) 　　② (B) – (A) – (C)

③ (B) – (C) – (A) 　　④ (C) – (A) – (B)

⑤ (C) – (B) – (A)

 Quick Check

1 다음 영영사전 뜻풀이에 해당하는 단어를 본문에서 찾아 쓰시오.

_____ : the feeling of being very worried

2 본문의 내용과 일치하도록 알맞은 어휘를 고르시오.

Because of the newer study, she starts drinking [less / more] coffee every day.

・ New Words ・

☐ **effect** 효과, 영향, 결과
☐ **at least** 적어도
☐ **greatly** 크게, 매우
☐ **improve** 향상시키다, 개선하다
☐ **memory** 기억(력), 추억

☐ **decrease** 저하시키다, 감소시키다
☐ **attention** 집중력, 주의
☐ **increase** 고조시키다, 증가하다
☐ **anxiety** 불안감, 걱정거리
☐ **poweful** 설득력 있는, 강력한

☐ **anxious** 불안한, 걱정하는
☐ **lately** 요즘, 최근에
☐ **focused** 집중한

02

주어진 글 다음에 이어질 글의 순서로 가장 적절한 것은?

76% 수능 변형

> Maybe you have heard about sending messages across the sea in bottles. The problem is that you don't know when and where the message arrives.

(A) He put it in a wooden bottle and threw it overboard. More than 300 years later, the captain of an American ship found it off the coast of Africa, near Morocco.

(B) Columbus was still far from Europe, and he feared he could never tell the king and queen of his discovery. So he wrote the news on a piece of paper.

(C) In 1493, Christopher Columbus sent a bottled message. He was going back to Spain to tell the king and queen about his discovery. Then, his ship got caught in a bad storm.

① (A) – (C) – (B)　　　　② (B) – (A) – (C)

③ (B) – (C) – (A)　　　　④ (C) – (A) – (B)

⑤ (C) – (B) – (A)

 Quick Check

1 다음 빈칸에 들어갈 단어를 본문에서 찾아 쓰시오.
　　The _____ is an area of land that is next to the sea.

2 본문의 내용과 일치하면 T, 그렇지 않으면 F에 동그라미 하시오.
　　1) Christopher Columbus는 1493년에 병에 메시지를 넣어 바다에 던졌다.　　[T / F]
　　2) Christopher Columbus가 보낸 병에 담긴 메시지는 300년 이상이 지난 후에 발견되었다.
　　　　　　　　　　　　　　　　　　　　　　　　　　　　　　[T / F]

◀ New Words ▶

□ message	메시지	□ more than	~ 이상	□ fear	걱정하다,
□ arrive	도착하다	□ captain	선장, 대장		두려워하다
□ wooden	나무로 된	□ off	~의 앞바다에,	□ discovery	발견
□ throw(-threw-thrown)	던지다		~에서 떨어져서	□ go back	돌아오다, 돌아가다
□ overboard	배 밖으로,	□ coast	해안	□ get caught in	(폭풍우)에 휘말리다
	(배에서) 바다로	□ still	여전히		

유 형 소 개 글의 전개상 논리적으로 부족한 부분을 찾아 보충하여 글의 흐름을 이해하는 동시에 문장과 문장 상호 간의 자연스러운 연결 관계를 파악하는 능력을 요구하는 유형이다.

대 표 예 제 **글의 흐름으로 보아, 주어진 문장이 들어가기에 가장 적절한 곳은?** 67% 고1 09월 모의고사 변형

> However, despite these benefits, these green vehicles have safety issues.

Electric cars have many advantages compared to traditional ones. (①) They do not cause air pollution and global warming because they don't give out carbon dioxide. (②) They also produce less noise pollution by running quietly on battery power. (③) For example, it is difficult to hear an electric car coming. (④) So it could be dangerous to some pedestrians, especially the blind. (⑤) Because of this, some people say that a soundmaking function should be added to these eco-friendly vehicles.

*pedestrian 보행자 ** carbon dioxide 이산화탄소

· New Words ·

□ despite	~에도 불구하고	□ compared to	~와 비교해서	□ soundmaking	소음을 만드는
□ benefit	이점	□ traditional	전통적인	□ function	기능
□ vehicle	차량, 탈 것	□ pollution	오염	□ eco-friendly	환경 친화적인
□ issue	문제	□ give out	배출하다, 내뿜다		
□ electric	전기의	□ the blind	맹인들		

함정탈출 유형풀이 전략!

1 주어진 문장을 읽고 중요한 단서를 확인한다.

: 주어진 문장 안의 지시어나 관사, 한정어 또는 연결사는 전후 흐름을 알 수 있는 단서이므로 꼭 파악해야 한다.

2 순차 독해를 통해 글의 구성을 파악한다.

: 대체로 이 유형에 등장하는 지문은 사건의 전개나 논리적인 흐름을 가진 글이 대부분인데, 글의 소재와 전개 방식을 파악하면 쉽게 문제가 풀린다.

3 글의 흐름이 자연스럽지 않은 부분을 찾아라.

역접이나 예시의 연결사, 지시대명사 등은 글의 흐름을 보여주는 중요한 단서가 된다. 이 단서들을 중심으로 흐름이 어색한지를 점검해 보면 문제가 쉽게 풀릴 수 있다. 글을 읽는 도중에 대명사나 지시어가 갑자기 나타나서 글의 논리적 연결이 어려워지면 그 앞부분에서 이것들을 지시하는 어구를 반드시 찾아야 한다.

Check! Reading Steps

Step ONE 주어진 문장 안에서 지시어, 한정어 또는 연결사 등 단서를 찾는다.

⋯ 한정어 'these' benefits, 연결사 'However'

Step TWO 전체 글을 빠르게 훑어보면서 중심 소재를 파악한다.

⋯ '전기차'의 장점과 단점을 비교 진술하고 있다.

Step THREE 본문을 읽어 가면서 문맥이 매끄럽지 않은 곳을 찾는다.

⋯ 주어진 문장은 여러 이점에도 불구하고 이런 환경 친화적인 차량들 즉, 전기차에 안전 문제가 있다는 내용이다. 대기 오염과 소음 공해를 덜 유발한다는 이점 뒤에, 그러나 다가오는 소리가 너무 작아 위험할 수 있다는 문제점이 바로 이어지는 것은 흐름상 어색하다.

➕ Grammar Plus!

「because of + 명사(구)」

「because of + 명사(구)」는 전치사구로서 '~ 때문에'라고 해석해요. 「because + 주어 + 동사」는 이유를 나타내는 부사절이에요.

◆ **Because of this**, some people say that a soundmaking function should be added to these eco-friendly vehicles.

이것 때문에, 몇몇 사람들은 이 환경 친화적인 차량들에 소리를 내는 기능이 더해져야 한다고 말한다.

◆ They do not cause air pollution and global warming **because they don't give out carbon dioxide**.

그것들은 이산화탄소를 배출하지 않기 때문에 대기 오염과 지구 온난화의 원인이 되지 않는다.

01 글의 흐름으로 보아, 주어진 문장이 들어가기에 가장 적절한 곳은?

78% 고1 11월 모의고사 변형

> As they passed the ball, a man in a gorilla costume walked into the middle of the group, thumped his chest and then walked away.

George Orwell wrote: "To see what is in front of your nose needs constant work." We are surrounded by chances, but often we do not see them. (①) Professor Richard Wiseman did a test of this. (②) He asked a group of volunteers to count the passes of a basketball team. (③) Many volunteers counted correctly, but out of over 20 volunteers, only five saw the gorilla. (④) The same goes for our lives. (⑤) We only concentrate on keeping score and managing day to day, so we do not see the chances in front of our noses.

*thump 쿵쾅 두드리다

 Quick Check

1 다음 영영사전 뜻풀이에 해당하는 단어를 본문에서 찾아 쓰시오.
_____ : having an opportunity to do something

2 본문의 내용과 일치하면 T, 그렇지 않으면 F에 동그라미 하시오.
Over 15 volunteers didn't see the gorilla walking into the group.　　　[T / F]

◁ **New Words** ▷

☐ costume	복장, 코스튬	☐ professor	교수	☐ keep score	점수를 기록하다
☐ chest	가슴, 상자	☐ volunteer	자원자; 자원하다	☐ manage	살아가다, 간신히 해내다,
☐ constant	끊임없는	☐ correctly	정확하게		관리하다
☐ work	노력, 일	☐ the same goes for	동일한 것이 ~에 적용된다,	☐ day to day	그날그날, 하루하루
☐ surround	둘러싸다		~도 마찬가지다		
☐ chance	기회	☐ concentrate on	~에 집중하다		

02 글의 흐름으로 보아, 주어진 문장이 들어가기에 가장 적절한 곳은?

90% 수능 변형

> The DNA that is taken from these bits of whale skin shows their relationships to each other.

Sperm whales travel in social groups that help them defend and protect each other. (①) It is difficult to find out the membership of these groups from sightings because whale behavior mostly happens underwater. (②) Also sperm whales can travel across oceans and dive deep. (③) Biologists who study whale behavior generally have to wait for the whales to come up. (④) When the whales surface and then go underwater again, they leave bits of skin behind. (⑤) This has allowed researchers to explain sperm whale social groups in greater detail.

*sperm whale 향유고래

Quick Check

1 다음 영영사전 뜻풀이에 해당하는 단어를 본문에서 찾아 쓰시오.
_____ : the outer layer of a person or animal's body

2 본문의 내용과 일치하면 T, 그렇지 않으면 F에 동그라미 하시오.
Sperm whales help defend and protect each other because they travel apart.

[T / F]

・ New Words ・

□ bit	조각	□ find out	알아내다, 발견하다	□ generally	보통, 대개
□ relationship	관계	□ sighting	목격, 광경	□ surface	수면으로 올라오다; 수면
□ social	사회적인	□ behavior	행동, 습성, 태도	□ allow	허락하다, 허용하다
□ defend	방어하다	□ underwater	수중의	□ researcher	연구자
□ protect	보호하다	□ biologist	생물학자	□ in detail	자세하게

문단 요약하기

유 형 소 개   이 유형은 글 전체의 내용을 한 문장으로 요약하는 쓰기 능력을 간접적으로 평가하는 문제이다. 글의 주제 중 가장 핵심적인 부분이 빈칸으로 출제되는 유형이다.

대 표 예 제

다음 글의 내용을 한 문장으로 요약하고자 한다. 빈칸 (A)와 (B)에 들어갈 말로 가장 적절한 것은?

74% 고1 03월 모의고사 변형

When we walk into a supermarket, we can find many tropical fruits. But if we look at the labels, we see mangoes from India and pineapples from the Philippines. That usually means they are flown in from those countries. A problem rises here. *Air flight increases global warming gases. Likewise, we can eat our summer fruits like watermelons and peaches in winter. This means a lot of fuel is burned up to grow them. *Again, it adds to the global warming gases.

↓

The more _____(A)_____ of fruits we have, the more serious _____(B)_____ becomes.

(A)	(B)	(A)	(B)
① choices ····· global warming		② choices ····· water pollution	
③ choices ····· the economic crisis		④ safety ····· global warming	
⑤ safety ····· the economic crisis			

New Words

☐ tropical	열대의	☐ fuel	연료	☐ pollution	오염
☐ rise	발생하다, 일어나다	☐ be burned up	소모되다	☐ economic	경제의
☐ global warming	지구 온난화	☐ add to	~를 증가시키다	☐ crisis	위기
☐ likewise	마찬가지로	☐ choice	선택		

정답과 해설 P.23

함정탈출 유형풀이 전략!

1 주어진 요약문과 선택지를 먼저 읽고 지문의 내용을 추측해 본다.

: 요약문은 글의 주제와 관련된 긴 문장으로, 주어, 목적어, 보어 등이 복잡하게 섞여 있기 때문에 구문을 잘 파악하여 해석한다.

2 글에서 중요한 역할을 하는 문장이나 어구는 특별히 표시를 해 둔다.

: 글의 핵심어는 다른 말로 변형될 가능성이 크므로 주의한다. 특히, 실험이나 리서치 글에서 차이를 두는 변수는 빈칸에 들어갈 확률이 높다.

3 자신이 고른 정답이 글의 요약문이 되는지 반드시 확인한다.

: 서두르지 말고 (A)와 (B)가 모두 정답이 되는지 확인해야 한다.

Check! Reading Steps

Step ONE 주어진 요약문을 먼저 읽는다.

⋯ "우리가 과일에 대한 _____을 더 많이 가지면 가질수록, _____는 더욱 더 심각해진다."라는 빈칸이 포함된 문장에 선택지를 하나씩 대입해 본 후, 지문으로 들어간다.

Step TWO 반복되는 어구나 변수를 나타내어 특정한 결과를 초래하는 부분을 반드시 확인하다.

⋯ *문장들은 결과적으로 지구 온난화를 가중시킨다는 의미로, 원인이 되는 부분들이 각 문장 앞에 언급되었다.

Step THREE 선택지의 내용을 빈칸에 넣었을 때 본문 전체를 대변할 수 있는지 확인해 본다.

⋯ 많은 열대과일을 우리는 쉽게 볼 수 있지만, 그 과일들이 우리 가까이로 비행기를 타고 운반되고, 계절을 거슬러 키워지는 동안 온실가스를 증가시킨다는 것이 글의 주된 내용으로, 이를 포괄할 수 있는 선택지가 빈칸에 들어가는 것이 가장 적절하다.

+ Grammar Plus!

상태의 변화를 보여주는 「The 비교급, the 비교급」

「The 비교급 (주어＋동사), the 비교급 (주어＋동사)」는 '~하면 할수록 더 ~하다'라고 해석해요.

- **The more** choices of fruits we have, **the more serious** global warming becomes.
  우리가 과일에 대한 선택권들을 더 많이 가질수록 지구 온난화는 더 심각해진다.

- **The more** pages you read through, **the more exciting** the story gets.
  당신이 더 많은 페이지를 읽을수록 그 이야기는 더 흥미진진해진다.

01 다음 글의 내용을 한 문장으로 요약하고자 한다. 빈칸 (A)와 (B)에 들어갈 말로 가장 적절한 것은?

63% 고1 03월 모의고사 변형

Do you ever have trouble deciding what to order at a restaurant? In California, two members of a family often had this problem. They solved it when they opened a 'bite-size' restaurant in Los Angeles. The restaurant has thirty-two small items on the menu. Customers can order small salads and very small-sized French fries, nacho chips, and tacos. No item costs more than three dollars, and some cost less than a dollar. People like the restaurant because they do not need to choose just one type of food.

↓

The restaurant became very popular because customers can enjoy _____(A)_____ foods with _____(B)_____ serving sizes.

(A)	(B)	(A)	(B)
① various ······ smaller		② various ······ bigger	
③ delicious ······ bigger		④ similar ······ different	
⑤ similar ······ smaller			

 Quick Check

1 본문의 내용과 일치하도록 가장 적절한 어휘를 선택하시오.
Every item costs [more / less] than three dollars.

2 본문의 내용과 일치하면 T, 그렇지 않으면 F에 동그라미 하시오.
Two members of a family in California opened a bite-size restaurant and it was successful. [T / F]

◦ New Words ◦

☐ have trouble -ing	~하는데 어려움을 겪다	☐ small-sized	작은 크기의, 소형의	☐ choose	선택하다
☐ decide	결정하다	☐ French fries	감자튀김	☐ popular	인기 있는
☐ solve	해결하다	☐ cost	(비용이) 들다; 값, 비용	☐ serving size	1인분, 1회 제공량
☐ bite-size	한입 크기의	☐ more than	~보다 많은, ~이상의	☐ various	다양한
☐ item	품목, 항목, 물품	☐ less than	~보다 적은	☐ similar	비슷한

02

다음 글의 내용을 한 문장으로 요약하고자 한다. 빈칸 (A)와 (B)에 들어갈 말로 가장 적절한 것은? 57% 수능 변형

Many years ago, psychologists did an experiment. They put a lot of people in a room with only a children's ring toss set. It had a short wooden post on the floor and a bunch of round rings. As expected, they began tossing the rings around the post. The psychologists discovered that most of the people moved far enough away from the post. This made the ring toss challenging but not so difficult and thus, not so frustrating. In other words, they put themselves between frustration and boredom on purpose. The process of making and easing tension made the activity stimulating.

*stimulating 자극하는

↓

People made a ring toss stimulating by making enough ____(A)____ through changing the distance to the post to ____(B)____ frustration and boredom.

(A)	(B)	(A)	(B)
① tension	…… create	② tension	…… balance
③ competition	…… multiply	④ energy	…… hide
⑤ energy	…… increase		

Quick Check

1 다음 영영사전 뜻풀이에 해당하는 단어를 본문에서 찾아 쓰시오.
_____ : a feeling of worry that makes you nervous

2 본문의 내용과 일치하면 T, 그렇지 않으면 F에 동그라미 하시오.
This experiment made the ring toss difficult for the people.   [T / F]

New Words

□ psychologist	심리학자	□ frustrating	좌절감을 느끼게 하는
□ experiment	실험	□ frustration	좌절, 실패
□ post	기둥, 말뚝	□ boredom	무료함
□ as expected	예상했던 것처럼, 예상대로	□ on purpose	의도적으로
□ challenging	도전적인, 해 볼 만한	□ process	과정

□ ease	줄이다, 덜어주다
□ tension	긴장
□ activity	활동, 행위
□ distance	거리
□ competition	경쟁

유 형 소 개 장문 독해는 200단어 이상의 이야기 또는 시사적인 내용의 글을 제시하고, 두 문항 정도의 질문에 답해야 하는 유형이다. 상대적으로 긴 글을 읽고 글의 전제척인 내용과 세부적인 내용, 또는 비유적인 표현 등과 관련된 문항에 답해야 하기 때문에 속독 능력과 종합적인 사고력을 필요로 한다. 제목, 어휘 문제 등의 유형이 출제된다.

대 표 예 제 **[01~02] 다음 글을 읽고, 물음에 답하시오.** 00% 고1 05월 모의고사 변형

Some elementary school teachers in the U.S. might think "Recess is free time for the students." or "Why should I care about recess?" However, in reality, recess has become **(a) more** important than ever.

As physical education at the elementary school level has **(b) risen** in recent years, recess has in fact become the main outlet for children to **(c) participate** in physical activity in school. But, what actually occurs is that students are left to engage in unorganized activities during this 'free time.'

Recess is much more than free time. Recess should be considered as an opportunity for students not only to **(d) engage** in physical activity, but also to build their character and develop social interaction skills. Therefore, the classroom teachers must realize that recess is an **(e) important** part of the school day.

*recess 쉬는 시간 **outlet 돌파구

1 윗글의 제목으로 가장 적절한 것은? [80%] 고1 09월 모의고사 변형

① Chances for Higher Social Status
② Students' Attitudes toward Teachers
③ The Popularity of Physical Education
④ The Educational Importance of Recess
⑤ The Disadvantages of Physical Activities

2 밑줄 친 (a)~(e) 중에서 문맥상 낱말의 쓰임이 적절하지 <u>않은</u> 것은? [65%] 고1 09월 모의고사 변형

① (a)　　　② (b)　　　③ (c)　　　④ (d)　　　⑤ (e)

New Words

□ care about	관심을 가지다	□ engage in	참여하다	□ realize	깨닫다
□ reality	현실	□ unorganized	조직되지 않은	□ status	지위
□ physical education	체육	□ opportunity	기회	□ attitude	태도
□ participate in	~에 참가하다	□ social	사회의	□ popularity	대중화
□ occur	일어나다	□ interaction	상호 작용	□ disadvantage	단점

1 문제와 선택지를 먼저 읽어 보며 글이 전체적으로 어떤 흐름으로 전개될지 미리 추측한다.

: 무작정 독해를 하기 보다는 문제를 먼저 읽고 독해를 하면 시간이 절약되고, 지문의 대략적인 내용을 파악할 수 있다.

2 글의 전반적인 흐름, 줄거리 등을 파악하여 제목, 주제 등을 추론한다.

: 평소에 긴 지문 읽는 연습을 많이 하고, 단락별로 내용을 요약하며 읽는다. 특히 핵심 소재 또는 반복 어구 등에 유의한다.

3 어휘 문제의 경우, 주어진 단어가 글의 전체 흐름상 문맥과 어울리는지에 대해 추론한다.

: 밑줄 친 어휘가 글의 흐름에 맞게 쓰였는지 확인하고 특히 반의어에 유의하며 글을 읽는다.

Check! Reading Steps

Step ONE 문제와 선택지를 먼저 읽어, 알맞은 풀이 방법을 선택한다.

⋯⋯ 위 글의 제목으로 가장 적절한 것은? (글의 제목 유형)

⋯⋯ 밑줄 친 (a)~(e) 중에서 문맥상 낱말의 쓰임이 적절하지 <u>않은</u> 것은? (어휘 적절성 유형)

Step TWO 글의 전체 내용을 통해 주제를 추론하고, 글의 제목을 고른다. 세부 문제의 답에 해당하는 문장은 정독하면서 주의 깊게 읽는다.

⋯⋯ [글의 제목] 쉬는 시간은 학생들이 신체 활동에 참여할 뿐 아니라 사회적인 상호 작용 기술을 개발할 수 있는 기회로 여겨져야 한다는 글의 내용을 통해, '쉬는 시간의 중요성'을 추론할 수 있다.

⋯⋯ [어휘 적절성] 최근 초등학교에서 체육 시간이 '줄어들고' 있어서 학교에서 쉬는 시간이 신체적인 활동에 참여할 수 있는 돌파구가 되고 있다는 내용이다.

➕ Grammar Plus!

1. 명사의 역할을 하는 관계대명사 what

what은 문장 속에서 주어, 목적어 또는 보어 역할을 할 수 있어요. 「what + 불완전한 절」의 형태로 쓰이고 '~하는 것'이라고 해석해요.

◆ **What actually occurs** is that students are left to engage in unorganized activities during this 'free time.'

실제로 일어나고 있는 것은 학생들이 이 '자유 시간'에 계획성 없는 활동에 참여하도록 남겨진다는 것이다.

2. 비교 구문 [비교급 형용사/부사 than]

두 대상을 비교하는 구문으로 「비교급 형용사/부사 than」은 '~보다 더 …한/…하게'라고 해석해요.

◆ Recess has become **more important than** ever.

쉬는 시간은 이전보다 더 중요해졌다.

◆ Reading makes you think **better than** before.

독서는 당신이 전보다 더 잘 생각하도록 만들어 준다.

[01~02] 다음 글을 읽고, 물음에 답하시오.

We think that the cry of a newborn may sound (a) **the same** to parents all over the world, but according to scientists, that's not the case: From the first day, babies cry in their parents' language.

A team of researchers recorded the cries of 60 healthy newborns, three to five days old. 30 babies were born into French-speaking families and 30 into German-speaking families. The French newborns tended to cry with a (b) **rising** tone, while the German newborns cried with a falling tone. These patterns indicated some of the (c) **differences** between the two languages. This suggested that babies cry in their (d) **native** languages.

Lead researcher Kathleen Wermke said that newborns "can produce (e) **similar** cry tones." They like the tones of their parents' language because that is what they heard in the womb.

*womb 자궁

01

윗글의 제목으로 가장 적절한 것은? `66%` 고1 09월 모의고사 변형

① Mom, I Cry Like I Heard

② I Do Not Want to Cry Anymore

③ Would You Record My Voice, Mom?

④ It's Hard to Memorize Sounds, Mom

⑤ Please Tell Me How to Copy Your Tone

02

밑줄 친 (a)~(e) 중에서 문맥상 낱말의 쓰임이 적절하지 <u>않은</u> 것은? `75%` 고1 09월 모의고사 변형

① (a)　　　　　② (b)　　　　　③ (c)

④ (d)　　　　　⑤ (e)

1 다음 영영사전 뜻풀이에 해당하는 단어를 본문에서 찾아 쓰시오.

＿＿＿＿＿＿＿＿＿ : a baby who has just been born

2 본문의 내용과 일치하도록 알맞은 어휘를 고르시오.

The French newborns cried with a [rising / falling] tone, and the German newborns cried with a [rising / falling] tone.

New Words

☐ cry	울음소리; 울다	☐ French	프랑스의; 프랑스어	☐ suggest	시사하다, 제안하다
☐ newborn	신생아	☐ tend to	~하는 경향이 있다	☐ native language	모국어
☐ according to	~에 따르면	☐ rising tone	상승 어조	☐ produce	만들어 내다,
☐ language	언어	☐ German	독일의; 독일어		생산하다
☐ record	녹음하다	☐ falling tone	하강 어조	☐ similar	비슷한
☐ born	태어난	☐ indicate	나타내다		

[03~04] 다음 글을 읽고, 물음에 답하시오.

Some baseball parks are better for hitting home runs than others. The important thing is not just the size of the park. Other park conditions also make a ball fly over the fences, and players know this. So what happens when a player moves to a new team and its baseball park has **(a) better** conditions for home runs? One study showed that such a player hit 60 percent more home runs. Why? The answer lies in one's mindset. If you think you can hit **(b) more** home runs, you will try harder to hit the ball toward the fence. But if you think your chance of a home run is **(c) bigger**, your brain will send you signals: just try for a single to get on base.

In life, just as in baseball, our thoughts can also help us try hard to hit a home run. The baseball study shows that the important thing is your thoughts about the **(d) distance** to the fence. Consider your work and your present life. Do the fences look too far away to hit a home run? Simply **(e) adjust** the fences and it looks easier.

*single 1루타, 단타

03 윗글의 제목으로 가장 적절한 것은?

65% 수능 변형

① Move Your Fences Closer
② Why Does Teamwork Matter?
③ Are Numbers Necessary in Sports?
④ Change Your Team for More Benefits
⑤ Better Park Conditions: Size vs. Wind

04 밑줄 친 (a)∼(e) 중에서 문맥상 낱말이 쓰임이 적절하지 <u>않은</u> 것은?

59% 수능 변형

① (a)   ② (b)   ③ (c)

④ (d)   ⑤ (e)

Quick Check

1 다음 영영사전 뜻풀이에 해당하는 단어를 본문에서 찾아 쓰시오.

_____ : a movement, light, or sound that gives information, or tells people what to do

2 본문의 내용과 일치하면 T, 그렇지 않으면 F에 동그라미 하시오.
Your thoughts about the distance to the fence are more important than the actual distance.　　　　　　　[T / F]

◀ New Words ▶

☐ home run	홈런	☐ signal	신호; 신호를 보내다	☐ present	현재의, 참석한
☐ condition	조건, 상태,	☐ get on	밟다, 들어가다, 올라타다	☐ adjust	조정하다, 적응하다
☐ fence	펜스; 울타리를 치다	☐ base	야구의 베이스, 기초	☐ necessary	필요한
☐ study	연구, 학문	☐ thought	생각, 사고		
☐ mindset	마음가짐	☐ distance	거리		
☐ toward	~을 향하여, ~에 관하여	☐ consider	생각하다, 고려하다		

유 형 소 개 네 개의 단락을 제시하는 복합 문단의 이해를 측정하는 장문 독해 유형이다. 문단의 순서, 지칭 대상 추론, 내용 일치 등의 다양한 유형으로 출제된다. 마지막 문제이기 때문에 시간이 부족해서 손을 못 대는 경우가 종종 있으므로 시간 배분을 잘 하도록 한다.

대 표 예 제 **[1~3] 다음 글을 읽고, 물음에 답하시오.**

(A)

My friend Don considered himself a musician. **(a) He** also thought of himself as a singer, but he wasn't very good. But Don didn't give up his dream of becoming a singer-song writer, and went to Nashville, Tennessee.

(B)

*Years passed, and we almost lost touch with each other. One day, I got a call from a friend who also knew Don. "Listen to this," **(b) he** said. Then he turned on the radio. I heard a good song come out of the speaker. "That's Don," my friend said. I couldn't believe it. It was the song that Don wrote and recorded! I thought **(c) he** made it!

(C)

In Nashville, he got a night job so that he could visit record companies during the day. **(d) He** learned how to play the guitar. He kept writing songs and practicing his guitar, knocking on every door of opportunity.

(D)

A few years after the phone call, I also heard that the popular singer Kenny Rogers had recorded one of Don's songs. It was one of the most famous songs of that time. Since then, Don Schlitz has written numerous number one songs. **(e) He** became a successful composer as a result of his endless efforts.

*numerous 무수한

1 주어진 글 (A)에 이어질 내용을 순서에 맞게 배열한 것으로 가장 적절한 것은?

75% 고1 03월 모의고사 변형

① (B) – (D) – (C)　　　② (C) – (B) – (D)　　　③ (C) – (D) – (B)

④ (D) – (B) – (C)　　　⑤ (D) – (C) – (B)

2 밑줄 친 (a)~(e) 중에서 가리키는 대상이 나머지 넷과 <u>다른</u> 것은?　77% 고1 03월 모의고사 변형

① (a)　　　　　　② (b)　　　　　　③ (c)

④ (d)　　　　　　⑤ (e)

3 윗글의 Don에 관한 내용과 일치하지 <u>않는</u> 것은?　75% 고1 03월 모의고사 변형

① 어릴 적엔 음악적 재능이 없었다.

② 라디오 방송에 그의 곡이 나왔다.

③ 밤에는 일하고 낮에 음반회사들을 방문했다.

④ 필자와 지속적으로 연락을 했다.

⑤ 끊임없는 노력으로 작곡가로 성공했다.

New Words

☐ consider	생각하다, 여기다	☐ record	녹음하다	☐ as a result of	~의 결과로서
☐ give up	포기하다	☐ make it	(어떤 일을) 해내다, 성공하다	☐ endless	끊임없는; 끝없는
☐ singer-song writer	가수 겸 작곡가	☐ so that	~하기 위해서	☐ effort	노력
☐ lose touch with	~와의 연락이 끊어지다	☐ composer	작곡가		

1 주어진 문제 유형을 확인하고, 먼저 선택지를 빠르게 읽는다.

: 유형별로 알맞은 풀이 방법을 선택하고, 선택지를 통하여 대략적인 글의 내용을 예측한다.

2 주어진 문단을 읽으면서 글의 순서를 결정한다.

: 지시어, 연결어, 한정어 등에 유의하는 글의 순서 정하기 유형풀이 전략과 같은 방법으로 접근한다.

3 문제 유형에 따라 중요한 단서가 되는 곳에 밑줄을 그으며 읽는다.

: 지문이 길기 때문에 문제에서 원하는 답이 있는 곳을 찾으면 바로바로 표시를 해 두는 것이 좋다.

Check! **Reading Steps**

Step ONE 글을 읽기 전에 문제가 무엇인지 확인한다.

⋯ 주어진 글 (A)에 이어질 내용을 순서에 맞게 배열한 것으로 가장 적절한 것은? (글의 순서 유형)

⋯ 밑줄 친 (a)~(e) 중에서 가리키는 대상이 나머지 넷과 다른 것은? (지칭 추론 유형)

⋯ 위 글의 Don에 관한 내용과 일치하지 않는 것은? (세부 내용 파악 유형)

Step TWO 문단 내 글의 예상 순서를 정한 후, 지칭 추론 유형에 접근하고 마지막으로 세부 내용 파악 유형인 내용일치/불일치 문제에 접근하는 것이 오답을 줄이는 방법이다.

⋯ [글의 순서 정하기] 음악을 잘하지는 못했지만 포기하지 않고 Nashville로 간 친구 Don의 이야기를 시작으로, 그가 그곳에서 밤낮으로 음악을 위해 노력했고, 그러던 어느 날 글쓴이는 라디오에서 흘러나온 멋진 노래가 Don의 곡이라는 것을 알게 되었다. 그 후에도 Don은 수많은 1위곡을 쓰며 성공한 작곡가가 되었다는 내용으로 이어지는 것이 글의 순서로 가장 적절하다.

⋯ [지칭 추론] Don 외에 글쓴이의 또 다른 친구도 등장한다. 제2의 인물이나 사물에 주의해야 한다.

⋯ [세부 내용 파악] *문장에서 여러 해가 지나고, 서로 연락이 거의 끊어졌다고 했다.

Grammar Plus!

1. 「It was (강조 어구) that ~」

   '~것이 바로 (강조 어구)이다'의 의미예요.

   ◆ **It was** the song **that** Don wrote and recorded!

   Don이 쓰고 녹음한 것이 바로 그 노래였다!

   ◆ **It was** BTS **that** I met at the airport yesterday!

   내가 어제 공항에서 만난 사람은 바로 BTS였다!

2. 목적을 나타내는 접속사 so that

   「~ so that + 주어 + 동사」는 목적의 의미를 가진 접속사절로 '~하도록, ~하기 위하여'라고 해석해요.

   ◆ He got a night job **so that** he could visit record companies during the day.

   그는 낮에 음반 회사들을 방문하기 위해서 밤에 일하는 일자리를 구했다.

   ◆ Julie tried to finish her math homework quickly **so that** she could watch her favorite show on TV.

   Julie는 그녀의 가장 좋아하는 TV 프로그램을 보기 위해서 그녀의 수학 숙제를 빨리 끝내려고 노력했다.

[01~03] 다음 글을 읽고, 물음에 답하시오.

(A)

A fourteen-year-old girl named Victoria always loved to sing. Victoria was smart, studious, and quiet. She often tried out for school musicals, but not for the main roles. She preferred to blend into the chorus. Then **(a) she** was faced with a serious challenge.

(B)

Victoria decided to give it a try. The musical, *Into the Woods*, offered many great roles. She tried out for Cinderella's fairy godmother. Surprisingly, she won the part and soon began to feel nervous. She had to sing soprano, which was higher than her range. The script also required **(b) her** to hang six feet above the stage at one point!

(C)

Victoria decided to concentrate and practice her part every day. She trained for months to prepare for the musical so that the audience would focus fully on **(c) her**. On the big day, Victoria was scared but played her role perfectly. Her mom was sitting proudly in the audience. Victoria felt proud of herself and pleased to see her mom so happy.

(D)

Victoria's school would hold the annual school musical in a few months. Victoria's mother had an important meeting on that day. She promised **(d) she** would attend the musical if Victoria got a leading role. She wanted Victoria to know that she believed in **(e) her**. She also wanted to see Victoria believe in herself. What she said made Victoria think deeply for a while.

01

주어진 글 (A)에 이어질 내용을 순서에 맞게 배열한 것으로 가장 적절한 것은?

72% 고1 11월 모의고사 변형

① (B) – (D) – (C)　　　　② (C) – (B) – (D)

③ (C) – (D) – (B)　　　　④ (D) – (B) – (C)

⑤ (D) – (C) – (B)

02

밑줄 친 (a)~(e) 중에서 가리키는 대상이 나머지 넷과 다른 것은?

78% 고1 11월 모의고사 변형

① (a)　　　　② (b)　　　　③ (c)

④ (d)　　　　⑤ (e)

03

윗글의 Victoria에 관한 내용과 일치하지 않는 것은?

83% 고1 11월 모의고사 변형

① 코러스단에 섞이는 것을 선호했다.

② 뮤지컬 'Into the Woods'에서 배역을 맡았다.

③ 자기 음역보다 높게 소프라노로 노래해야 했다.

④ 두려움 때문에 무대에서 실수했다.

⑤ 어머니의 말을 듣고 한동안 깊은 생각에 잠겼다.

Quick Check

1 다음 영영사전 뜻풀이에 해당하는 단어를 본문에서 찾아 쓰시오.
_____ : feeling pleased because of something you own or have done

2 본문의 내용과 일치하면 T, 그렇지 않으면 F에 동그라미 하시오.
Victoria's mom was too busy, so she couldn't attend the musical.　　[T / F]

New Words

□ studious	학구적인	□ part	배역, 부분	□ focus on	집중하다
□ try out	~에 지원하다	□ soprano	소프라노	□ fully	완전히
□ main role	주연	□ range	음역, 범위	□ scared	두려워하는
□ prefer	선호하다	□ script	대본	□ perfectly	완벽하게
□ blend into	~로 섞이다	□ require	요구하다	□ proudly	자랑스러워하며
□ chorus	코러스단, 합창단	□ hang	매달다	□ hold	열다
□ be faced with	~에 직면하다	□ stage	무대; 상연하다	□ annual	해마다, 연례의
□ challenge	도전, 과제; 도전하다	□ concentrate	집중하다	□ promise	약속하다; 약속
□ decide	결심하다	□ practice	연습하다; 연습	□ attend	참석하다, 돌보다
□ give it a try	시도해 보다	□ prepare	준비하다, 대비하다	□ deeply	깊이
□ fairy	요정	□ audience	관객, 청중	□ for a while	한동안, 잠시

[04~06] 다음 글을 읽고, 물음에 답하시오.

(A)

The high school grounds were filled with well-dressed people, posing for photographers. Hannah looked at all the people in **(a) her** life for the last few years. Soon her mother would join them. She remembered the first day of school in the middle of many anxious freshmen. Some of them became her closest friends.

(B)

"Hannah, you look so serious. What are you thinking about?" "Oh, Mom, just, you know." Her mother smiled and said, "stand over there ... and smile, Hannah." **(b) She** took out her cell phone, and zoomed in on her daughter. "You're all grown-up," she whispered. Hannah took more pictures with her teachers in the school garden.

(C)

Hannah struggled with the many class hours and the endless homework. However, there were exciting events like school festivals. **(c) She** sang and danced with her friends in the festival. After that, she became more confident and active. While thinking about her old days, she heard her mother's voice. "Here you are!" Her mother gave **(d) her** flowers and a big hug.

(D)

That day was unusually foggy. The principal was cheerfully talking about the challenges of high school life, but she could not concentrate. Later, she met **(e) her** strict-looking homeroom teacher. Hannah sat in the fifth row, hallway side, but she wanted a window seat. Soon, she thought that high school life was challenging like the principal said.

04

주어진 글 (A)에 이어질 내용을 순서에 맞게 배열한 것으로 가장 적절한 것은? [83%] 수능 변형

① (B) – (D) – (C)　　　　② (C) – (B) – (D)

③ (C) – (D) – (B)　　　　④ (D) – (B) – (C)

⑤ (D) – (C) – (B)

05

밑줄 친 (a)~(e) 중에서 가리키는 대상이 나머지 넷과 다른 것은? [88%] 수능 변형

① (a)　　　　② (b)　　　　③ (c)

④ (d)　　　　⑤ (e)

06

윗글의 Hannah에 관한 내용과 일치하지 않는 것은? [84%] 수능 변형

① 다른 신입생들과 함께 운동장에 서 있었다.

② 학교 정원에서 선생님들과 사진을 찍었다.

③ 축제에서 노래를 부르고 춤을 추었다.

④ 교장 선생님의 말씀에 집중할 수가 없었다.

⑤ 교실에서 다섯 번째 줄 창가 자리에 앉았다.

Quick Check

1 다음 영영사전 뜻풀이에 해당하는 단어를 본문에서 찾아 쓰시오.

_____ : the person in charge of a school or college

2 주어진 단어를 배열하여 글의 제목을 쓰시오.

_____

(her, Hannah's, the memories of, on, high school life, graduation day)

◀ New Words ▶

☐ well-dressed	잘 차려입은	☐ grown-up	다 자란	☐ cheerfully	활기차게
☐ pose	포즈를 취하다	☐ struggle	씨름하다, 고군분투하다	☐ concentrate	집중하다
☐ anxious	불안한	☐ endless	끝없는	☐ strict-looking	엄격해 보이는
☐ freshman	신입생 (pl. freshmen)	☐ confident	자신감 있는	☐ row	줄, 열
☐ serious	심각한	☐ unusually	평소와 달리	☐ hallway	복도
☐ zoom in	줌렌즈로 ~를 확대하다	☐ principal	교장	☐ seat	자리, 좌석

MINI TEST

01

다음 글의 주제로 가장 적절한 것은?

77% 고1 06월 모의고사 변형

I knew I ate the wrong foods: sweets, sodas, chips, and fast food. I didn't really know what the right foods were. I just knew I needed to eat less. So I started to eat small meals. Not surprisingly, I lost weight but I had no energy. From health magazines I learned food wasn't my enemy. I just had to make better choices: a banana, cereal, and milk for breakfast; chicken and fruit for lunch; and a turkey sandwich on whole wheat for dinner. My energy returned, and I continued to drop weight.

*whole wheat 통밀

① the danger of gaining weight

② the importance of eating right

③ the consequences of eating less

④ tips for selecting healthy foods

⑤ the side effects of dropping weight

02

다음 글의 제목으로 가장 적절한 것은?

54% 고1 06월 모의고사 변형

On Valentine's Day, many people exchange heart-shaped gifts. But the human heart does not actually look like the typical valentine shape. The human heart resembles the shape of a fist. The heart is a muscle with lots of blood. The heart of overweight people looks yellow because it is covered with yellow fat. Most people have heard that the heart is on the left side of the chest. In fact, it is in the middle of the chest. To push blood, an average heart beats 100,000 times a day. It means that in a lifetime, the average human heart will beat more than 2.5 billion times.

① The Heart: The Most Important Body Part

② How to Keep Your Heart Healthy

③ The Origin of Valentine Hearts

④ The Main Functions of Heart

⑤ The Truth about the Heart

03

다음 글의 밑줄 친 부분 중, 어법상 틀린 것은?   64% 고1 11월 모의고사 변형

One late Saturday night, I was ① **awakened** by a phone call. In a sleepy voice I said, "Hello." The caller paused for a moment before ② **rushing** into a long speech. "Mom, this is Susan. I had to call because I'm going to be a little ③ **lately**. The tire of my car just went flat while I was in the theater." Since I don't have any daughters, I knew the person ④ **had misdialed**. "I'm sorry," I replied, "but I don't have a daughter named Susan." "Oh, Mom!" said the young lady, "I didn't think ⑤ **that** you'd be this angry."

04

다음 글의 괄호 (A), (B), (C) 안에서 문맥에 맞는 낱말로 가장 적절한 것은?   70% 고1 03월 모의고사 변형

One of the problems of traditional farming is that the growing seasons for crops can be (A) limited / extended . To solve this problem, a scientist suggested growing crops inside a building. Inside a building, crops can grow all year. There is no wind to (B) blow / flow away soil. Farmers don't have to worry about too much or too little rain, or about hot summers or freezing winters. There is no need for chemicals to (C) keep / remove harmful insects.

	(A)		(B)		(C)
①	limited	⋯⋯	blow	⋯⋯	remove
②	limited	⋯⋯	flow	⋯⋯	remove
③	limited	⋯⋯	blow	⋯⋯	keep
④	extended	⋯⋯	flow	⋯⋯	remove
⑤	extended	⋯⋯	blow	⋯⋯	keep

05 다음 빈칸에 들어갈 말로 가장 적절한 것은?  82% 고1 11월 모의고사 변형

A researcher tells the secret of happiness: contagiousness. If someone I know well becomes happy, the possibility of becoming happy will increase by 15 percent. If someone I know indirectly is happy, it will increase by 10 percent. It is more helpful to have a few happy friends than having simply many friends. However, this doesn't suggest that you should cut ties with people who often worry. Remember you are also the source of the happiness of your friends. You can _____ happiness with a bright smile on your face.

*contagiousness 전염

① buy   ② forget   ③ spread
④ change   ⑤ measure

06 다음 빈칸에 들어갈 말로 가장 적절한 것은? 73% 고1 03월 모의고사 변형

Deciding whether your child is bright, and how and when to give them the right kind of attention, needs careful observation. For this, it can be very helpful to _____. It helps you to step out of your everyday routines, so that you can get a more objective view of your child. Then, while looking back, you may be able to see how situations have developed, and how they can be changed. A daily record book will help you not only to see if you have a bright child but also to watch his or her emotional development.

① keep a record   ② praise them
③ write a letter   ④ play together
⑤ read them stories

07 밑줄 친 to take responsibility for herself가 다음 글에서 의미하는 바로 가장 적절한 것은?

64% 고1 03월 모의고사 변형

If your roommate doesn't do the cleaning, it can really make you annoyed. If you have to live with a messy roommate, you can do the following: never clean up for your roommate. If you do, you can send the wrong messages to your roommate. One is that you don't mind doing all the cleaning yourself. Another is that if she doesn't clean up for herself, somebody else will. You are not your roommate's mother or maid. She has to learn <u>to take responsibility for herself.</u>

① to disappoint you again   ② to clean up after herself

③ to make the room messy   ④ to find another roommate

⑤ to hire a maid for both of them

08 주어진 글 다음에 이어질 글의 순서로 가장 적절한 것은?

87% 고1 11월 모의고사 변형

After World War II, the armies took hungry, homeless children to camps.

(A) The slice produced amazing results. The children started to sleep well because there was something to eat tomorrow. That assurance gave the children a calm and peaceful rest.

(B) In these camps the children were cared for. However, at night they did not sleep well. They seemed uneasy. Finally, a psychologist found a solution.

(C) He gave them a slice of bread just before they went to bed. If they wanted more to eat, more was provided. However, they didn't eat it and just held it.

*assurance 확신

① (A) – (C) – (B)   ② (B) – (A) – (C)   ③ (B) – (C) – (A)

④ (C) – (A) – (B)   ⑤ (C) – (B) – (A)

09 글의 흐름으로 보아, 주어진 문장이 들어가기에 가장 적절한 곳은? 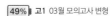 고1 03월 모의고사 변형

> Then one day I had the opportunity to fly with friends by plane to a beautiful resort.

I was scared of air travel. My friends said air travel is safer than highway travel. (①) However, I saw many crash scenes and imagined these scenes happening to me. (②) I didn't want to miss such a great vacation. (③) So I spent two weeks imagining a safe flight on a beautiful sunny day. (④) When the day arrived, I wanted to go more than any of my friends. (⑤) Surprisingly, I got on the plane and enjoyed every minute of the flight.

10 다음 글의 내용을 한 문장으로 요약하고자 한다. 빈칸 (A)와 (B)에 들어갈 말로 가장 적절한 것은?

61% 고1 11월 모의고사 변형

> People don't realize their moods are always changing. They think that their lives have suddenly become worse at some point in the past. For example, someone who is in a good mood in the morning might love his wife, his job, and his car. He is probably optimistic about his future and feels grateful about his past. But if his mood is bad in the afternoon, he complains he hates everything around him and he's going nowhere in his career. If you ask him about his childhood while he's in a bad mood, he'll probably tell you it was quite difficult.

↓

> People experience the _____(A)_____ situations differently, depending on their _____(B)_____ state.

	(A)		(B)		(A)		(B)
①	same	·····	emotional	②	difficult	·····	economic
③	limited	·····	physical	④	normal	·····	healthy
⑤	various	·····	natural				

[11~12] 다음 글을 읽고 물음에 답하시오.

Our society is a youth-centered culture. Listening to older people to find out how to live is not very **(a) common** in our society. Older people are often sent to nursing homes or live **(b) lonely**. We live in a society that values youth above age. However, there is a reason why human cultures **(c) disrespected** the old for thousands of years. A lifespan of 75 years is not much time to learn what matters in our life by ourselves.

Years ago I met a boy who told me that his best friend was an elderly man on his street. This type of friendship is not **(d) valued** by many young people. As I look back on my life, I always tried to learn from my mistakes. I am sorry I didn't receive wise advice from older people with more life experience than I had. We need elders in our lives who have lived a long time and achieved **(e) wisdom**.

11 윗글의 제목으로 가장 적절한 것은? [77%] 고1 11월 모의고사 변형

① People Gifted but Unnoticed
② Continually Examine Your Life
③ Training Our Minds for Happiness
④ Life Lesson: Learn from Mistakes
⑤ The Value of Listening to Older People

12 밑줄 친 (a)~(e) 중에서 문맥상 낱말의 쓰임이 적절하지 <u>않은</u> 것은? [79%] 고1 11월 모의고사 변형

① (a)
② (b)
③ (c)
④ (d)
⑤ (e)

01

다음 글에서 필자가 주장하는 바로 가장 적절한 것은? 89% 고1 11월 모의고사 변형

I was upset to hear of your plan to freeze Social Security benefits at their present level. When you announced the plan to increase the benefits last year, we, senior citizens, believed your promise. I can't understand the sudden change in your plan. I think the increases are quite reasonable because we worked hard and paid taxes. We also faithfully funded the Social Security system while we were working. I strongly ask you to follow your original plan from last year.

① 노년층의 사회 참여 기회를 확대하라.
② 노년층을 위한 복지 시설을 확충하라.
③ 사회 보장 수혜금 지급 절차를 간소화하라.
④ 세금 체납자에 대한 법적 규제를 강화하라.
⑤ 사회 보장 수혜금의 인상을 계획대로 추진하라.

02

다음 글의 제목으로 가장 적절한 것은?  63% 고1 03월 모의고사 변형

Many schools in the country have already closed their doors because of the decreased number of students. School buildings which once bloomed with children have stood lonely. Now they may not have to feel empty. They are changing to meet the needs of local people. They are now giving their space to local people for cultural events such as concerts and exhibitions. Those people who didn't have many cultural experiences are now enjoying long-awaited cultural events. Visitors may make the closed schools lively again soon, though they may not be children.

① Students Are Decreasing in Numbers
② Schools in Many Economic Difficulties
③ Closed Schools Reborn as a Cultural Centers
④ People Leaving Their Home for Jobs
⑤ Difficulties of People in the Country

03

(A), (B), (C)의 각 네모 안에서 어법에 맞는 표현으로 가장 적절한 것은? 54% 고1 03월 모의고사 변형

A driver saw two men carrying heavy bags on a country road. This caused him to remember **(A)** what / that he had heard on the radio: two thieves stopped a train and stole mailbags which were full of money. He immediately called the police. The police soon arrived on the scene and arrested them. They questioned **(B)** both / each men but neither of them could speak English. They just kept shouting loudly at the police. Later, the police realized that they **(C)** have made / had made a terrible mistake. The men were French onion sellers and their bags were full of onions!

	(A)		(B)		(C)
①	what	⋯⋯	each	⋯⋯	have made
②	what	⋯⋯	both	⋯⋯	had made
③	that	⋯⋯	each	⋯⋯	have made
④	that	⋯⋯	both	⋯⋯	have made
⑤	that	⋯⋯	both	⋯⋯	had made

04

다음 글의 밑줄 친 부분 중, 문맥상 낱말의 쓰임이 적절하지 않은 것은? 69% 고1 09월 모의고사 변형

When my son, Gustav, was only two or three months old, I kept reading *Pinocchio* to him though the book was for four-year-old kids. I found this ① **boring**. Gustav, however, loved it, and the results of this experiment made all my efforts ② **worthwhile**. He started talking much ③ **sooner** than most children do and memorized almost all the pages. When hearing just one or two words on a page, he ④ **recited** the rest of the page. The words in this book soon became part of his everyday speech. When it comes to language development, he was far ⑤ **behind** his age group.

05

다음 빈칸에 들어갈 말로 가장 적절한 것은?

53% 고1 09월 모의고사 변형

In the South American rainforest, there is a tribe, the Desana. They see the world as a fixed amount of energy that flows between all creatures. Therefore, they assume each birth replaces a death, and each death brings about another birth. This way, the energy of the world _____. When they hunt, the Desana know that the animals they kill will leave a hole in the spiritual well. But they believe that hole will be filled by the souls of the hunters when they die.

① gets stronger 　　　　　　② grows constantly
③ becomes useless 　　　　　④ remains unchanged
⑤ disappears gradually

06

다음 빈칸에 들어갈 말로 가장 적절한 것은?

68% 고1 11월 모의고사 변형

Over the past years, the ecologist John Terborgh has observed directly how the loss of large animals _____. When a hydroelectric dam flooded large areas in Venezuela, Terborgh saw the water create tens of islands. They were too small to keep the creatures at the top of the food chain such as jaguars, pumas, and eagles. The disappearance of these animals caused a chain reaction. Animals, such as monkeys and leafcutter ants, grew fast and later damaged plants. Finally, the ecosystems were destroyed.

*hydroelectric 수력 발전의

① encourages land reform
② affects the natural world
③ leads to the development of animals
④ results in the arrival of new species
⑤ weakens the national tourism industry

07 밑줄 친 active game-players가 다음 글에서 의미하는 바로 가장 적절한 것은?

83% 고1 03월 모의고사 변형

One of my friends grew up with five brothers and sisters. There were so many children that her family had little money for "going-out" activities. Instead, her parents filled the house with all kinds of games. All of the children grew up and became <u>active game-players</u>. Playing the games was probably for fun, but the end results were educational. My friend remembers learning how to spell over a *Scrabble* board and learning about money over *Monopoly*. She also says that it was fun to learn from those games.

① careful parents   ② excellent teachers
③ board game creators   ④ well-educated people
⑤ professional game developers

08 주어진 글 다음에 이어질 글의 순서로 가장 적절한 것은?

77% 고1 09월 모의고사 변형

> 'Birds of paradise', some of the most colorful birds in the world, live in New Guinea.

(A) He studied why there are so many kinds. He noticed that because of the high mountains and deep valleys the birds don't fly far from their homes.

(B) A scientist researched these birds and found that there are more than 90 kinds of 'birds of paradise' on the island.

(C) This behavior prevented them from contacting other groups. Under these situations, new genes for survival appeared and were passed down to the next generations.

① (A) – (B) – (C)   ② (A) – (C) – (B)   ③ (B) – (A) – (C)
④ (B) – (C) – (A)   ⑤ (C) – (B) – (A)

09 글의 흐름으로 보아, 주어진 문장이 들어가기에 가장 적절한 곳은? 69% 고1 11월 모의고사 변형

> Other parents, however, believe that children should not learn about work ethic this way.

How should parents teach their kids about the meaning of pocket money? (①) Some parents link this with chores because they want to teach their kids that money is something they earn. (②) A mother of a child says that linking jobs with pocket money is helpful. (③) She thinks that it makes her child familiar with the idea of working for money. (④) Rather, they feel that it makes children help parents not because they should but because they want something. (⑤) Whatever your decision is, make sure why your children get pocket money and what it means.

*work ethic 노동 윤리, 노동관

10

다음 글의 내용을 한 문장으로 요약하고자 한다. 빈칸 (A)와 (B)에 들어갈 말로 가장 적절한 것은?

 69% 고1 09월 모의고사 변형

There were two fathers I knew. Even though they both worked hard, one dad didn't want to use his brain when it came to money matters, and the other tried to exercise his brain. The long-term result was that one dad grew weaker and the other grew stronger financially. It is not much different from a person who sits on the sofa looking at their smartphone versus someone who goes to the gym to exercise. Proper physical exercise increases your chances for health, and proper mental exercise increases your chances for wealth.

*financially 재정적으로

↓

You need to develop your _____(A)_____ skills just like your _____(B)_____ strength.

	(A)		(B)
①	academic	······	mental
②	academic	······	physical
③	financial	······	physical
④	financial	······	emotional
⑤	technical	······	mental

[11~12] 다음 글을 읽고 물음에 답하시오.

People want their problems solved. Questions like "What's wrong?" and "What's the problem?" are important. But whether they say it or not, people often need some acknowledgment of feelings before they start a conversation for problemsolving.

Too often, we (a) **skip** right to problemsolving without acknowledging our partners' feelings. "When was the last time we had dinner together?" says your wife. You realize she's (b) **right**, and say, "Well, I'll make an effort to be home every night by seven o'clock." Your wife doesn't seem (c) **satisfied**, and you are wondering what went wrong.

Your wife's complaint is not a math problem. You may think you've (d) **worsened** the problem, but her hidden questions haven't been answered. Your wife wants her feelings acknowledged first. Saying "It has been a tough time for the last few months, hasn't it?" or "It sounds like you're feeling lonely" is more (e) **proper**.

*acknowledgment 인정

11

윗글의 제목으로 가장 적절한 것은? 85% 고1 06월 모의고사 변형

① Balance Your Work and Life
② Silence Can Be the Best Solution
③ Ask for More Specific Information
④ Acknowledge Feelings Before Problem-solving
⑤ Listening to Others Helps Them Listen to You

12

밑줄 친 (a)~(e) 중에서 문맥상 낱말의 쓰임이 적절하지 않은 것은? 35% 고1 06월 모의고사 변형

① (a)   ② (b)   ③ (c)
④ (d)   ⑤ (e)

MEMO

수능 영어를 향한 가벼운 발걸음

맨처음 수능 영어

유형독해
입문편

Workbook

| 대 표 예 제 |

A 우리말은 영어로, 영어는 우리말로 쓰시오.

1 valued _____

2 enjoyable _____

3 cofounder _____

4 협조, 협력 _____

5 동시에 _____

6 경험; 경험하다 _____

B 괄호 안의 주어진 단어를 바르게 배열하시오.

1 우리는 당신의 쇼핑을 즐거운 경험으로 만듭니다.

We make (an enjoyable experience, shopping, your).

→ _____

_____

2 계산대 직원들 중 한 명에게 그것을 건네주세요.

Please (it, one of the checkout clerks, hand, to).

→ _____

_____

C 다음 빈칸에 들어갈 알맞은 단어를 적으시오.

1 저희는 항상 최선을 다합니다.

We always _____ _____ _____.

2 저희는 저희 제품과 서비스를 자랑스러워합니다.

We _____ _____ _____ our products and services.

| 유형연습 01 |

A 우리말은 영어로, 영어는 우리말로 쓰시오.

1 modern _____

2 research _____

3 view _____

4 천문학 _____

5 망원경 _____

6 반짝이다 _____

B 괄호 안의 주어진 단어를 바르게 배열하시오.

1 난 네가 어디에 있는지 궁금해.

I wonder (are, where, you).

→ _____

2 그것은 밤하늘의 반짝거림의 광경을 제공합니다.

It (a view of, sparkles, gives) in the night sky.

→ _____

_____

C 다음 빈칸에 들어갈 알맞은 단어를 적으시오.

1 그것은 유명한 Hale 망원경의 기지이다.

It is _____ _____ the _____ Hale telescope.

2 "작은 별, 큰 별", 그것은 모두 오늘 밤 Palmor 천문대에서 기다리고 있다.

"Star light, star bright," it all _____ at the Palomar _____ tonight.

| 유형연습 02 |

A 우리말은 영어로, 영어는 우리말로 쓰시오.

1 leave _____

2 matter _____

3 situation _____

4 받다 _____

5 일류의 _____

6 다시 시작하다 _____

B 괄호 안의 주어진 단어를 바르게 배열하시오.

1 우리는 배달을 다시 시작하도록 귀사에 전화하겠습니다.

We will (you, call, to, restart) delivery.

→ _____

_____

2 저희는 주말에 대부분 집에서 나가 있습니다.

We are (away, from, mostly, home) on weekends.

→ _____

_____

C 다음 빈칸에 들어갈 알맞은 단어를 적으시오.

1 우리는 그저 일간 신문을 계속 (구독)할 수 없습니다.

We simply cannot _____ _____ _____ a daily paper.

2 제 아내 또는 제가 귀사에 회신할 것입니다.

_____ my wife _____ I will call you back.

고난도 도전

다음 괄호 안의 주어진 단어를 활용하여 문장을 완성하시오.

| 대 표 예 제 |

1 저희는 저희 상점을 개선하는 것에 관심을 가지고 있습니다. (be interested in, improve) 7단어

→ _____

_____

2 저희는 건강식품과 자연식품을 제공해오고 있습니다. (have, offer, foods) 7단어

→ _____

_____

| 유형연습 01 |

1 더 이상 궁금해 하지 마세요. (more) 3단어

→ _____

_____

2 San Diego에는 조용한 언덕들과 평원들이 있다. (have) 7단어

→ _____

_____

| 유형연습 02 |

1 저의 아내와 저는 귀사의 간행물을 받아보는 것을 즐거워해 왔습니다. (have, receive) 9단어

→ _____

_____

2 우리는 귀사가 우리 집에 배달을 멈춰주실 것을 요청합니다. (request, that, to) 9단어

→ _____

_____

| 대표예제 |

A 우리말은 영어로, 영어는 우리말로 쓰시오.

1 nervous _____

2 ashamed _____

3 amused _____

4 실망한 _____

5 안도하는 _____

6 가까워지다 _____

B 괄호 안의 주어진 단어를 바르게 배열하시오.

1 그는 그 비행의 성공을 확신하지 못했다.

He was (success, sure, not, of, of, the) the flight.

→ _____

_____

2 그는 그의 가족의 안전에 대해 걱정했다.

He was (family, safety, of, worried, the, his, about).

→ _____

_____

C 다음 빈칸에 들어갈 알맞은 단어를 적으시오.

1 그의 눈은 기쁨의 눈물로 가득 찼다.

His eyes _____ _____ _____ tears of joy.

2 비행기가 갑자기 이상한 소리를 냈다.

The plane suddenly _____ a strange _____.

| 유형연습 01 |

A 우리말은 영어로, 영어는 우리말로 쓰시오.

1 seagull _____

2 turn _____

3 stroller _____

4 친숙한 _____

5 모퉁이 _____

6 감미로운, 달콤한 _____

B 괄호 안의 주어진 단어를 바르게 배열하시오.

1 그들은 친숙한 베토벤의 어떤 곡을 꽤 잘 연주하고 있다.

They (something, playing, familiar, are) by Beethoven rather well.

→ _____

_____

2 그의 엄마는 한 병에서 유아식을 그에게 먹이고 있다.

His mother (him, feeding, is, baby food) from a jar.

→ _____

_____

C 다음 빈칸에 들어갈 알맞은 단어를 적으시오.

1 우리는 해변에서 오래된 마을로 걸어간다.

We walk _____ the beach _____ the old town.

2 그는 또한 그 주위의 모든 다른 일에도 관심이 있다.

He _____ also _____ _____ everything else around him.

| 유형연습 02 |

A 우리말은 영어로, 영어는 우리말로 쓰시오.

1 plain _____

2 cashier _____

3 empty _____

4 차분한 _____

5 부러워하는 _____

6 두려워하는 _____

B 괄호 안의 주어진 단어를 바르게 배열하시오.

1 15센트가 빈 접시 옆에 있었다.

(were, There, fifteen cents) next to the empty dish.

→ _____

_____

2 그는 나에게 과일을 얹은 아이스크림이 얼마냐고 물었다.

He asked me (was, how much, an ice cream sundae).

→ _____

_____

C 다음 빈칸에 들어갈 알맞은 단어를 적으시오.

1 몇몇 사람들이 테이블을 기다리고 있었다.

Some people _____ _____ _____ a table.

2 그 어린 소년은 동전을 그의 주머니 밖으로 꺼냈다.

The little boy _____ some coins _____ _____ his pocket.

고난도 도전

다음 괄호 안의 주어진 단어를 활용하여 문장을 완성하시오.

| 대 표 예 제 |

1 비행기가 이륙했다. (take) **4단어**

→ _____

_____

2 그는 머물러야 할지 떠나야 할지를 결정해야만 했다.
(decide, whether) **9단어**

→ _____

_____

| 유형연습 01 |

1 감미로운 음악이 우리를 맞이한다. (greet) **4단어**

→ _____

_____

2 갈매기 한 마리가 깨끗한 해변에 있다. (there, lone)
9단어

→ _____

_____

| 유형연습 02 |

1 나는 그에게 그 아이스크림을 가져다주었다. (bring)
6단어

→ _____

_____

2 나는 커피숍에서 종업원으로 일했다. (server) **9단어**

→ _____

| 대 표 예 제 |

A 우리말은 영어로, 영어는 우리말로 쓰시오.

1 mental _____

2 unpleasant _____

3 second-hand _____

4 이용하다 _____

5 쓰레기 _____

6 펼치다 _____

B 괄호 안의 주어진 단어를 바르게 배열하시오.

1 이것을 하는 시간을 가짐으로써 당신의 불쾌한 기억들을 제거해라.

Remove your unpleasant memories (taking, by, the, this, to, do, time).

→ _____

_____

2 우리는 그것들이 다시 사용될 일이 결코 없음에도 불구하고 기억들을 간직하려는 경향이 있다.

We tend to keep memories even though (used, are, they, never) again.

→ _____

_____

C 다음 빈칸에 들어갈 알맞은 단어를 적으시오.

1 당신은 수년간 그것들을 챙겨서 치워놓았다.

You have _____ them _____ over the years.

2 당신은 새로운 것을 위한 공간을 마련하기 위해 마음속의 쓰레기를 제거해 본 적이 있는가?

Have you ever removed the trash in your mind to _____ _____ _____ something new?

| 유 형 연 습 01 |

A 우리말은 영어로, 영어는 우리말로 쓰시오.

1 laugh _____

2 agree _____

3 reason _____

4 의견 _____

5 단순히, 단지 _____

6 효과적인 _____

B 괄호 안의 주어진 단어를 바르게 배열하시오.

1 많은 환자들은 통증이 감소했다고 말해 왔다.

Many patients have reported (in, a decrease, pain).

→ _____

_____

2 환자들은 또한 통증을 덜 느끼는 것인지도 모른다.

Patients might (also, pain, less, feel).

→ _____

_____

C 다음 빈칸에 들어갈 알맞은 단어를 적으시오.

1 그 감소는 화학 물질들 때문일지도 모른다.

The decrease may be _____ _____ chemicals.

2 어떤 연구도 웃음과 통증 사이의 명확한 관련성을 보여주지 않는다.

No studies show a clear link _____ laughter _____ pain.

| 유형연습 02 |

A 우리말은 영어로, 영어는 우리말로 쓰시오.

1 public _____

2 mad _____

3 stick to _____

4 의견 _____

5 기원전 _____

6 시연, 시사 _____

B 괄호 안의 주어진 단어를 바르게 배열하시오.

1 Apelles는 그 신발을 다시 그리기 위해 열심히 작업했다.

Apelles (hard, repaint, to, worked) those shoes.

→ _____

_____

2 구두장이는 해부학적 구조에 대해 어떤 것도 알지 못했다.

The shoemaker (know, about, anything, didn't) anatomy.

→ _____

_____

C 다음 빈칸에 들어갈 알맞은 단어를 적으시오.

1 그는 그림을 비판하기보다 그의 일을 해야 한다.

He should _____ criticize the painting _____ do his job.

2 Apelles라는 이름의 아주 유명한 화가가 그리스에 살았다.

A very _____ painter _____ Apelles lived in Greece.

고난도 도전

다음 괄호 안의 주어진 단어를 활용하여 문장을 완성하시오.

| 대 표 예 제 |

1 낡은 물건들의 숨은 가치를 발견하라. (out, stuff)
8단어

→ _____

2 당신의 정신 건강을 위해 규칙적으로 운동하라.
(exercise) 6단어

→ _____

_____

| 유형연습 01 |

1 광대는 아스피린과 같다. (be) 6단어

→ _____

_____

2 그들은 단순히 통증을 잊는다. (forget) 5단어

→ _____

_____

| 유형연습 02 |

1 그는 시연들에서 그 자신을 숨겼다. (oneself) 5단어

→ _____

_____

2 그 구두장이는 한 인물의 해부학적 구조를 비판했다.
(anatomy of) 8단어

→ _____

_____

| 대 표 예 제 |

A 우리말은 영어로, 영어는 우리말로 쓰시오.

1 complain _____

2 receive _____

3 appearance _____

4 능력 _____

5 대신에 _____

6 성공하다 _____

B 괄호 안의 주어진 단어를 바르게 배열하시오.

1 나중에 인생에서 성공하기 위해 자신의 능력을 계발하려고 노력해야 한다.

You should try to (to, succeed, your, develop, ability) later in life.

→ _____

_____

2 당신의 부모님으로부터 물려받은 자신의 모습에 대해 불평을 해서는 안 된다.

You should not complain about your (from, that, you, received, appearance) your parents.

→ _____

_____

C 다음 빈칸에 들어갈 알맞은 단어를 적으시오.

1 당신이 할 수 있는 것에 집중해야 한다.

You should _____ _____ _____ you can do.

2 아름답지 않다고 걱정하는 것은 소용없는 일이다.

_____ _____ _____ _____ worry about not being beautiful.

| 유형연습 01 |

A 우리말은 영어로, 영어는 우리말로 쓰시오.

1 beach _____

2 education _____

3 lesson _____

4 방학, 휴가; 부수다, 깨다 _____

5 모래성 _____

6 제안하다, 시사하다 _____

B 괄호 안의 주어진 단어를 바르게 배열하시오.

1 그들은 그들의 뇌를 사용하지 않는다.

They (use, brains, don't, their).

→ _____

_____

2 나는 매 여름 방학 때마다 아이들의 지능 지수가 떨어진다는 것을 알게 되었다.

I learned that Children's IQs (summer, drop, vacation, each).

→ _____

_____

C 다음 빈칸에 들어갈 알맞은 단어를 적으시오.

1 그들의 부모님은 그들이 책을 읽도록 한다.

Their parents _____ them _____ books.

2 다른 아이들은 여름 방학 때마다 그들의 읽기 수준이 두 달씩 뒤쳐진다.

Other kids _____ two months _____ in their reading level.

| 유형연습 02 |

A 우리말은 영어로, 영어는 우리말로 쓰시오.

1 point at _____

2 cottonwood _____

3 since _____

4 힘 _____

5 ~할 때마다 _____

6 몇 개의 _____

B 괄호 안의 주어진 단어를 바르게 배열하시오.

1 그것들은 가지 하나 잃지 않으며 폭풍우에 살아남았다.

They survived a storm (without, a branch, losing).

→ _____

_____

2 그것은 벚나무들이 하듯이 바람이 부는 대로 구부릴 수 없었어요.

It could not bend with the wind (could, the chokecherry trees, like).

→ _____

_____

C 다음 빈칸에 들어갈 알맞은 단어를 적으시오.

1 이 나무는 평생 우리 가족을 지켜 왔다.

This tree has watched over our family _____

_____ _____.

2 성인 남자도 두 팔로 그 둘레를 감쌀 수 없었다.

A grown man could not _____ his arms _____ it.

고난도 도전

다음 괄호 안의 주어진 단어를 활용하여 문장을 완성하시오.

| 대 표 예 제 |

1 아름다움은 오래 지속되지 않을 것이다. (long) 5단어

→ _____

_____

2 훌륭한 외모는 장점이 될 수 있다. (good) 6단어

→ _____

_____

| 유형연습 01 |

1 아이들이 읽게 하라. (get) 4단어

→ _____

_____

2 당신의 아이들은 이번 여름을 어떻게 보낼 것인가? (spend) 7단어

→ _____

_____

| 유형연습 02 |

1 그것은 폭풍우에 강하게 서 있었다. (strong) 6단어

→ _____

_____

2 강한 것이 항상 좋은 것만은 아니다. (being) 6단어

→ _____

_____

UNIT 05 주제 파악

A 우리말은 영어로, 영어는 우리말로 쓰시오.

1 directly _____

2 carefully _____

3 environment _____

4 성취하다 _____

5 어휘 _____

6 표현하다 _____

B 괄호 안의 주어진 단어를 바르게 배열하시오.

1 그것들은 글에서 의미를 쌓는 열쇠이다.

They are (building, key, the, to) meaning in text.

→ _____

_____

2 학생들은 단어를 공부하는 데 많은 시간을 보내야 한다.

Students should (time, spend, a lot of, studying) words.

→ _____

_____

C 다음 빈칸에 들어갈 알맞은 단어를 적으시오.

1 단어들은 개념의 지식과 직접적으로 관련되어 있다.

Words _____ directly _____ _____ the knowledge of concepts.

2 높은 어휘력을 지닌 학생들은 더 낮은 어휘력을 지닌 학습자들보다 평가에서 더 높은 점수를 얻는다.

Students with a high vocabulary get _____ scores on tests _____ students with a _____ one.

A 우리말은 영어로, 영어는 우리말로 쓰시오.

1 extremely _____

2 correctly _____

3 explain _____

4 자유롭게 _____

5 영향 _____

6 지역의 _____

B 괄호 안의 주어진 단어를 바르게 배열하시오.

1 이러한 문화적 차이는 간단히 설명될 수 있다.

This cultural difference (be, can, explained) simply.

→ _____

_____

2 더 따뜻한 기후에서는 이렇게 해야 할 필요가 없다.

In warmer climates, a person (do, doesn't, to, have) this.

→ _____

_____

C 다음 빈칸에 들어갈 알맞은 단어를 적으시오.

1 따뜻한 지역 사람들은 손짓을 많이 사용하는 경향이 있다.

People from warmer regions _____ _____ use hand gestures.

2 남부 지방 사람들은 북부 지방 사람들보다 더 많은 몸짓을 한다.

People from southern countries gesture _____ _____ people from northern ones.

A 우리말은 영어로, 영어는 우리말로 쓰시오.

1 satisfying _____

2 response _____

3 eventually _____

4 대답, 답변 _____

5 침묵하는 _____

6 채우다 _____

B 괄호 안의 주어진 단어를 바르게 배열하시오.

1 대화에 긴 멈춤이 있다.

(a long, is, there, pause) in the conversation.

→ _____

_____

2 당신은 그것에 대하여 더 말하지 않는다.

You say (more, it, nothing, about).

→ _____

_____

C 다음 빈칸에 들어갈 알맞은 단어를 적으시오.

1 그 사람은 더 상세히 설명하기 시작할 것이다.

That person will start to explain _____ _____
_____.

2 당신은 더 많은 정보나 다른 종류의 정보를 찾고 있다.

You _____ _____ _____ more information
or a different kind of information.

고난도 도전

다음 괄호 안의 주어진 단어를 활용하여 문장을 완성하시오.

| 대 표 예 제 |

1 학습은 단어에 기초한다. (learning) 5단어

→ _____

_____

2 단어들을 학습하는 것은 필요하다. (it, to) 6단어

→ _____

_____

| 유형연습 01 |

1 손은 몸짓에 주된 공급원이다. (the main source)
8단어

→ _____

_____

2 사람은 코트 주머니에 손을 자주 넣는다. (keep, in,
her, her) 10단어

→ _____

_____

| 유형연습 02 |

1 당신은 한 주제에 대하여 질문을 한다. (on) 7단어

→ _____

_____

2 그들은 당신이 듣고 싶은 것을 말할지 모른다. (may,
what) 8단어

→ _____

_____

| 대 표 예 제 |

A 우리말은 영어로, 영어는 우리말로 쓰시오.

1 panic　　_____

2 enemy　　_____

3 anxiety　　_____

4 긍정적인　　_____

5 변명(하다)　　_____

6 지우다　　_____

B 괄호 안의 주어진 단어를 바르게 배열하시오.

1 평화롭고 긍정적인 것들을 생각해라.

Think (peaceful, something, of) and positive.

→ _____

_____

2 이러한 감정의 유형들은 당신의 힘든 노력을 지워버릴 수 있다.

(types, these, feelings, of) can erase your hard work.

→ _____

_____

C 다음 빈칸에 들어갈 알맞은 단어를 적으시오.

1 당신은 심지어 학교에 가고 싶지 않다.

You don't even _____ _____ _____ to school.

2 여기 그 공황 상태를 통제하는 몇 가지 방법들이 있다.

Here are some ways to _____ the panic _____ _____.

| 유형연습 01 |

A 우리말은 영어로, 영어는 우리말로 쓰시오.

1 influence　　_____

2 chronicle　　_____

3 fantasy　　_____

4 우정　　_____

5 몇몇(의)　　_____

6 계속되다　　_____

B 괄호 안의 주어진 단어를 바르게 배열하시오.

1 당신은 판타지 소설에 관심이 있다.

You (in, are, interested) fantasy novels.

→ _____

2 Tolkein과 그의 작품들은 Lewis가 Narnia를 창조해 낼 수 있게 도왔다.

Tolkein and his works (Lewis, Narnia, create, helped).

→ _____

C 다음 빈칸에 들어갈 알맞은 단어를 적으시오.

1 Tolkein은 『반지의 제왕』의 저자이다.

Tolkein _____ _____ _____ _____ *The Lord of the Rings.*

2 Lewis 덕분에 Tolkein은 그의 위대한 소설을 끝낼 수 있었다.

_____ _____ Lewis, Tolkein could complete his great novel.

| 유형연습 02 |

A 우리말은 영어로, 영어는 우리말로 쓰시오.

1 introduction _____

2 recall _____

3 immediately _____

4 다스리다, 처리하다 _____

5 초조함, 신경과민 _____

6 배치, 준비, 마련 _____

B 괄호 안의 주어진 단어를 바르게 배열하시오.

1 나는 학생들에게 다른 학생들의 이름을 적으라고 요청했다.

I (the students, asked, write down, to) the other students' names.

→ _____

_____

2 학생들은 그들로부터 멀리 떨어져 앉은 학생들의 이름을 적었다.

Students wrote down the names of students (from them, far away, that, sat).

→ _____

_____

C 다음 빈칸에 들어갈 알맞은 단어를 적으시오.

1 그들은 전체 무리에게 그들 자신을 소개해야 했다.

They had to _____ themselves _____ the entire group.

2 나의 세미나 수업의 대학생들은 둥글게 둘러앉았다.

University students in my seminar classes _____ _____ _____ _____ .

| 고난도 도전 |

다음 괄호 안의 주어진 단어를 활용하여 문장을 완성하시오.

| 대 표 예 제 |

1 시험 걱정을 극복하는 방법 (how, test) 5단어

→ _____

2 시험 보기가 훨씬 쉬워 질 수 있다. (much) 5단어

→ _____

_____

| 유형연습 01 |

1 그들의 우정은 1963년 Lewis가 죽을 때까지 계속되었다. (continue) 8단어

→ _____

_____

2 너는 두 명의 위대한 작가들의 이름들을 알지도 모른다. (may) 9단어

→ _____

_____

| 유형연습 02 |

1 그 이유는 무엇이었을까? (be) 4단어

→ _____

_____

2 이것은 그들이 사회적 불안감을 가졌기 때문이었다. 7단어

→ _____

_____

| 대 표 예 제 |

A 우리말은 영어로, 영어는 우리말로 쓰시오.

1 annual _____

2 amount _____

3 peak _____

4 기간, 시기 _____

5 ~ 동안 _____

6 보통의 _____

B 괄호 안의 주어진 단어를 바르게 배열하시오.

1 한국에서 1인당 소비된 쌀의 양은 2008년에 최고에 이르렀다.

(the, rice, of, consumed, amount) per capita in Korea reached its peak in 2008.

→ _____

_____

2 위의 도표는 평균적인 한국인이 얼마나 많은 쌀을 먹었는지를 보여 준다.

The above chart shows (average, much, the, how, person, rice,) in Korea ate.

→ _____

_____

C 다음 빈칸에 들어갈 알맞은 단어를 적으시오.

1 연간 쌀 소비량은 20kg 이상 떨어졌다.

Annual rice consumption _____ _____ more than 20kg.

2 감소는 2013년에서 2018년 사이보다 2008년에서 2013년 사이에 더 컸다.

The _____ was _____ between 2008 and 2013 _____ between 2013 and 2018.

| 유 형 연 습 01 |

A 우리말은 영어로, 영어는 우리말로 쓰시오.

1 above _____

2 reach _____

3 popularity _____

4 최하의 _____

5 ~을 제외하고 _____

6 ~보다 _____

B 괄호 안의 주어진 단어를 바르게 배열하시오.

1 Rose라는 이름은 1950년에 가장 높은 순위를 차지했다.

The name Rose (ranked, was, highest) in 1950.

→ _____

_____

2 위 도표는 여자아이들의 꽃 이름의 인기 순위를 보여준다.

The above graph shows (of popularity, of flower names, the rank) for girls.

→ _____

_____

C 다음 빈칸에 들어갈 알맞은 단어를 적으시오.

1 Lily는 2020년에 가장 높은 순위에 도달했다.

Lily reached _____ _____ _____ in 2020.

2 꽃 이름의 인기는 1950년부터 1980년까지 감소했다.

The popularity of flower names _____ _____ 1950 _____ 1980.

| 유형연습 02 |

A 우리말은 영어로, 영어는 우리말로 쓰시오.

1 youth　　＿＿＿＿＿＿＿＿＿＿＿＿

2 enrollment　　＿＿＿＿＿＿＿＿＿＿＿＿

3 increase　　＿＿＿＿＿＿＿＿＿＿＿＿

4 인구　　＿＿＿＿＿＿＿＿＿＿＿＿

5 높은　　＿＿＿＿＿＿＿＿＿＿＿＿

6 전체의　　＿＿＿＿＿＿＿＿＿＿＿＿

B 괄호 안의 주어진 단어를 바르게 배열하시오.

1 모든 연령 집단의 취학률은 50% 이상이었다.

The enrollment rates (age groups, of, all) were over 50 percent.

→ ＿＿＿＿＿＿＿＿＿＿＿＿＿＿＿＿＿

＿＿＿＿＿＿＿＿＿＿＿＿＿＿＿＿＿

2 3세에서 4세 사이의 어린이들의 취학률은 매년 가장 낮다.

The enrollment rate for children ages 3-4 is (for, the lowest, year, each).

→ ＿＿＿＿＿＿＿＿＿＿＿＿＿＿＿＿＿

＿＿＿＿＿＿＿＿＿＿＿＿＿＿＿＿＿

C 다음 빈칸에 들어갈 알맞은 단어를 적으시오.

1 5세에서 6세 사이의 어린이들의 취학률은 계속 증가했다.

The enrollment rate of children ages 5-6

＿＿＿＿＿ ＿＿＿＿＿＿＿.

2 14세에서 17세 사이의 연령층에서, 그 변화는 18세에서 19세 사이의 연령층보다 더 적었다.

For youth ages 14-17, the change was

＿＿＿＿＿＿ ＿＿＿＿ for youth ages 18-19.

다음 괄호 안의 주어진 단어를 활용하여 문장을 완성하시오.

| 대 표 예 제 |

1 연간 1인당 쌀 소비량은 80.7kg이었다. (capita) 7단어

→ ＿＿＿＿＿＿＿＿＿＿＿＿＿＿＿

＿＿＿＿＿＿＿＿＿＿＿＿＿＿＿

2 평균적인 한국인은 2017년보다 2016년에 더 많은 쌀을 먹었다. (ate) 11단어

→ ＿＿＿＿＿＿＿＿＿＿＿＿＿＿＿

＿＿＿＿＿＿＿＿＿＿＿＿＿＿＿

| 유형연습 01 |

1 Lily는 1980년부터 다시 인기를 얻었다. (become) 6단어

→ ＿＿＿＿＿＿＿＿＿＿＿＿＿＿＿

2 2010년에 Iris는 Daisy보다 더 낮은 순위를 차지했다. (be ranked) 8단어

→ ＿＿＿＿＿＿＿＿＿＿＿＿＿＿＿

＿＿＿＿＿＿＿＿＿＿＿＿＿＿＿

| 유형연습 02 |

1 위의 도표는 취학률의 변화를 보여준다. (enrollment rate) 9단어

→ ＿＿＿＿＿＿＿＿＿＿＿＿＿＿＿

2 취학률은 전체 기간 동안 가장 높았다. (entire) 10단어

→ ＿＿＿＿＿＿＿＿＿＿＿＿＿＿＿

＿＿＿＿＿＿＿＿＿＿＿＿＿＿＿

| 대 표 예 제 |

A 우리말은 영어로, 영어는 우리말로 쓰시오.

1 reptile _____

2 retire _____

3 educate _____

4 평생의 _____

5 관객들, 청중 _____

6 일, 직업 _____

B 괄호 안의 주어진 단어를 바르게 배열하시오.

1 그녀는 뱀에게 물린 이집트의 여왕의 이름인 클레오파트라라고 불렸다.

She was called Cleopatra, the name of the queen of Egypt (who, a snake, bitten, by, was).

→ _____

2 부모 모두는 자신들의 일을 잘했고, 건강한 상태로 은퇴했다.

(both, good, were, at, parents) their profession and retired in good health.

→ _____

C 다음 빈칸에 들어갈 알맞은 단어를 적으시오.

1 그들의 아들은 뱀과 한 그의 평생 동안의 경험을 잘 활용했다.

Their son has _____ good _____ _____ his lifelong experience with snakes.

2 그의 목표는 관객들을 재미있게 하는 것뿐만 아니라 교육하는 것이다.

His goal is _____ _____ _____ entertain, _____ _____ _____ educate his audience.

| 유형연습 01 |

A 우리말은 영어로, 영어는 우리말로 쓰시오.

1 eventually _____

2 spinach _____

3 protein _____

4 철분 _____

5 함유하다, 포함하다 _____

6 생존하다 _____

B 괄호 안의 주어진 단어를 바르게 배열하시오.

1 그것은 우산 모양의 꼭대기와 곧은 줄기를 가지고 있다.

It has (umbrella, crown, an, shaped) and a straight trunk.

→ _____

2 말린 Moringa 잎의 분말은 우유보다 17배 더 많은 칼슘을 가지고 있다.

The dried moringa leaf powder has (times, more, seventeen, calcium) than milk.

→ _____

C 다음 빈칸에 들어갈 알맞은 단어를 적으시오.

1 그것은 열대 기후 지역이 원산지이다.

It is _____ _____ tropical climates.

2 이 나무에서 나온 흰 꽃은 길고 가느다란 모양의 꼬투리로 자란다.

White flowers from this tree _____ _____ long narrow seed pods.

| 유형연습 02 |

A 우리말은 영어로, 영어는 우리말로 쓰시오.

1 ancient   _____

2 Greek   _____

3 remain   _____

4 적어도   _____

5 흥미롭게도   _____

6 공격   _____

B 괄호 안의 주어진 단어를 바르게 배열하시오.

1 그것은 적의 진지 한가운데에 있었다.

It was (the enemy's camp, of, the middle, in).

→ _____

_____

2 'Ialysus'와 'Satyr'는 그의 작품 중에서 가장 유명했다.

The *Ialysus* and the *Satyr* were (among, the most, famous, his works).

→ _____

_____

C 다음 빈칸에 들어갈 알맞은 단어를 적으시오.

1 그는 그의 삶 대부분을 Rhodes에서 살았다.

He lived _____ _____ _____ _____ in Rhodes.

2 Protogenes는 'Ialysus'를 그리는 데 대략 7년을 보냈다.

Protogenes _____ about seven years _____ the *Ialysus*.

다음 괄호 안의 주어진 단어를 활용하여 문장을 완성하시오.

| 대 표 예 제 |

1 John Cann은 그의 가족 사업을 물려받았다.
(inherited) 6단어

→ _____

_____

2 그의 부모는 1919년 그들의 뱀 서커스를 시작했다.
(started) 8단어

→ _____

_____

| 유형연습 01 |

1 이 나무는 세계의 거의 어느 지역에서도 생존할 수 있다.
(almost) 9단어

→ _____

2 Moringa는 5미터에서 12미터까지 자라는 식물이다.
(that, high) 12단어

→ _____

_____

| 유형연습 02 |

1 그는 Caunus에서 태어났다. (bear) 5단어

→ _____

_____

2 그의 그림들에 대한 몇 가지 이야기들이 있다. (there, story) 7단어

→ _____

_____

|대표예제|

A 우리말은 영어로, 영어는 우리말로 쓰시오.

1 free   _____

2 brochure   _____

3 child-friendly   _____

4 공간, 지역, 부위   _____

5 모임   _____

6 야외의   _____

B 괄호 안의 주어진 단어를 바르게 배열하시오.

1 매일 오전 9시, 낮 12시, 오후 3시에 무료로 안내를 받으며 산책하세요.

(a, walk, guided, take, free) at 9:00 am, 12:00 noon and 3:00 pm daily.

→ _____

_____

2 도심에서 Kings Park까지 무료 셔틀 버스를 운행합니다.

There is a free shuttle bus (the, from, into, Kings Park, city).

→ _____

_____

C 다음 빈칸에 들어갈 알맞은 단어를 적으시오.

1 피크닉과 바비큐 파티를 위한 가족 모임을 가지세요.

Have a _____ _____ for a picnic and a _____.

2 정보와 안내책자들은 방문객 안내 센터에서 이용 가능합니다.

Information and brochures _____ _____ _____ the visitor information center.

|유형연습 01|

A 우리말은 영어로, 영어는 우리말로 쓰시오.

1 contest   _____

2 submit   _____

3 festival   _____

4 참가하다, 들어가다   _____

5 시상   _____

6 마감일   _____

B 괄호 안의 주어진 단어를 바르게 배열하시오.

1 대회는 모든 사람들에게 열려 있습니다.

The competition (is, anyone, to, open).

→ _____

2 출품작은 8.5″ x 11″ 사이즈의 용지에 보내야 합니다.

Entries (submitted, be, should) on 8.5" x 11" paper.

→ _____

_____

C 다음 빈칸에 들어갈 알맞은 단어를 적으시오.

1 여러 개의 출품작이 받아들여집니다.

Multiple entries _____ _____.

2 2020 과학 영화제를 위한 포스터를 디자인하세요.

_____ ____ _____ for the 2020 Science Film Festival.

| 유형연습 02 |

A 우리말은 영어로, 영어는 우리말로 쓰시오.

1 orchestra _____

2 performance _____

3 conductor _____

4 ~에 참여하다 _____

5 중학교 _____

6 최종의, 마지막의 _____

B 괄호 안의 주어진 단어를 바르게 배열하시오.

1 여러분은 반드시 중학생이나 고등학생이어야 합니다.

You must be a (student, middle, high, or, school).

→ _____

_____

2 여러분은 오디션 10일 전에 여러분의 오디션 시간과 장소를 이메일로 받으실 겁니다.

You will get your audition time and place by e-mail (10 days, the audition, before).

→ _____

_____

C 다음 빈칸에 들어갈 알맞은 단어를 적으시오.

1 여러분은 오디션 지원서를 작성해야만 합니다.

You must _____ _____ an audition form.

2 여러분은 훌륭한 음악 연주에 참여하고 싶습니다.

You wish to _____ _____ great musical performances.

고난도 도전

다음 괄호 안의 주어진 단어를 활용하여 문장을 완성하시오.

| 대 표 예 제 |

1 Kings Park는 매일 24시간 개방됩니다. (is) 8단어

→ _____

_____

2 여름에는 야외 콘서트 또는 영화를 즐기세요. (an) 8단어

→ _____

_____

| 유형연습 01 |

1 1등 수상자 (place) 3단어

→ _____

_____

2 포스터에는 어떤 글자도 포함해서는 안 됩니다. (any words) 7단어

→ _____

_____

| 유형연습 02 |

1 여러분은 반드시 11월 30일까지 추천서를 보내셔야 합니다. (send in) 10단어

→ _____

_____

2 여러분은 오디션 후 이메일로 최종 결과들을 받으실 겁니다. (get, by) 10단어

→ _____

_____

UNIT 10 어법 정확성 파악

A 우리말은 영어로, 영어는 우리말로 쓰시오.

1 regret _____

2 degree _____

3 high price _____

4 생활 _____

5 불평하다 _____

6 교통 _____

B 괄호 안의 주어진 단어를 바르게 배열하시오.

1 그는 돌아다니며 도시를 보고 싶었다.

He wanted to (see, around, go, and) the city.

→ _____

_____

2 Jimmy는 만약 그가 다른 도시로 이사를 갈 수 있다면 생활이 훨씬 더 좋을 것이라고 생각했다.

Jimmy thought life (better, be, would, much) if he could move to another city.

→ _____

_____

C 다음 빈칸에 들어갈 알맞은 단어를 적으시오.

1 그는 Los Angeles시에 대하여 불평하곤 했다.

He _____ _____ _____ about the city of Los Angeles.

2 자신의 학업을 마치고 학위를 취득한 후, Jimmy는 Boulder로 이사했다.

After _____ his study and _____ his degree, Jimmy moved to Boulder.

A 우리말은 영어로, 영어는 우리말로 쓰시오.

1 wool _____

2 synthetic _____

3 clothes _____

4 땅[구멍]을 파다 _____

5 특질, 특성 _____

6 중요한 _____

B 괄호 안의 주어진 단어를 바르게 배열하시오.

1 그것들은 모양을 만들기가 쉽다.

They are (shape, to, easy).

→ _____

2 천연자원을 대체해서, 우리는 플라스틱을 사용할 수 있다.

(place, of, in) natural materials, we can use plastics.

→ _____

_____

C 다음 빈칸에 들어갈 알맞은 단어를 적으시오.

1 그것들은 식물이나 동물에서부터 나온다.

They _____ _____ plants or animals.

2 우리는 목화와 금속 등과 같은 많은 천연자원을 사용한다.

We use many natural materials _____ _____ cotton and metal.

| 유형연습 02 |

A 우리말은 영어로, 영어는 우리말로 쓰시오.

1 therefore _____

2 little _____

3 effort _____

4 자신의; 소유하다 _____

5 대신에 _____

6 훼손하다; 손상 _____

B 괄호 안의 주어진 단어를 바르게 배열하시오.

1 당신은 당신의 새집까지 훨씬 더 많은 이동이 필요하다.

It takes (far, you, more, trips) to your new home.

→ _____

_____

2 이삿짐 회사의 서비스를 요청하는 것이 더 좋을 것이다.

It is better (for, to, the services, ask) of a moving company.

→ _____

_____

C 다음 빈칸에 들어갈 알맞은 단어를 적으시오.

1 당신의 차는 너무 작아서 그 물건들을 운반할 수 없다.

Your car is _____ _____ _____ carry those items.

2 당신은 당신이 실제 가지고 있는 것만큼 많은 물건들을 가지고 있지 않다고 생각한다.

You think that you do not have _____ _____ _____ _____ you really do.

고난도 도전

다음 괄호 안의 주어진 단어를 활용하여 문장을 완성하시오.

| 대 표 예 제 |

1 그는 화창한 날씨를 떠나온 것을 후회했다. (sunny)
6단어

→ _____

_____

2 그는 추운 날씨에 대해 불평하기 시작했다. (started)
8단어

→ _____

_____

| 유형연습 01 |

1 그것들은 공장들에서 화학 물질들로부터 만들어진다. (from) 7단어

→ _____

_____

2 사람들은 플라스틱으로 모든 종류의 물건들을 만들 수 있다. (kind, object) 9단어

→ _____

_____

| 유형연습 02 |

1 당신은 틀릴 수도 있다. (might) 4단어

→ _____

2 가까운 거리로 이사하는 것은 매우 쉽게 보인다. (look) 7단어

→ _____

_____

| 대 표 예 제 |

A 우리말은 영어로, 영어는 우리말로 쓰시오.

1 private _____

2 performance _____

3 behavior _____

4 문제가 있는 _____

5 유명 인사 _____

6 모방하다 _____

B 괄호 안의 주어진 단어를 바르게 배열하시오.

1 당신의 아이들은 문제 있는 개인적인 생활을 가진 유명 인사를 모방한다.

Your children imitate a (has, who, troubled, celebrity, a) private life.

→ _____

_____

2 당신은 유명 인사들이 모든 면에서 아이들에게 역할 모델이 되어야 한다고 믿는다.

You believe that celebrities (models, be, for, should, role) kids in all ways.

→ _____

_____

C 다음 빈칸에 들어갈 알맞은 단어를 적으시오.

1 그들은 자신의 영역에서 뛰어난 기량을 가진 것을 제외하면 평범한 사람일 뿐이다.

They are just common people _____ _____ their excellent skills in their field.

2 당신의 아이들은 그저 유명 인사들이 전문가로서 하는 일을 따라 하고 싶어 할 뿐이다.

Your kids just want to be like the celebrities in their performance _____ _____.

| 유형연습 01 |

A 우리말은 영어로, 영어는 우리말로 쓰시오.

1 unite _____

2 immediately _____

3 protest _____

4 지지하다 _____

5 지도자, 대표 _____

6 화해하다 _____

B 괄호 안의 주어진 단어를 바르게 배열하시오.

1 즉시 두 나라는 전쟁을 시작했다.

Immediately (began, both, fighting, countries).

→ _____

_____

2 인도는 영국의 지배로부터 독립했다.

India (from, became, British rule, independent).

→ _____

_____

C 다음 빈칸에 들어갈 알맞은 단어를 적으시오.

1 인도는 이제 종교에 의해서 분리되었다.

India was now divided _____ _____.

2 간디는 힌두교와 이슬람교의 전쟁에 항의했다.

Gandhi protested the fighting _____ Hindus _____ Muslims.

| 유형연습 02 |

A 우리말은 영어로, 영어는 우리말로 쓰시오.

1 ignore _____

2 present _____

3 ongoing _____

4 없애다, 빼앗아 가다 _____

5 사진사 _____

6 역할 _____

B 괄호 안의 주어진 단어를 바르게 배열하시오.

1 그들은 미래를 위해 그 경험을 보존하고 싶어 한다.

They (to, keep, want) the experience for the future.

→ _____

_____

2 한 아버지가 그의 첫 아이이자 외동아이의 탄생 사진을 찍었다.

A father (of, pictures, the birth, took) of his first and only child.

→ _____

_____

C 다음 빈칸에 들어갈 알맞은 단어를 적으시오.

1 그는 나중에 그것들을 찍은 것을 후회했다.

He _____ _____ them afterwards.

2 카메라 렌즈를 통해 바라보는 것은 그를 현장에서 분리시켰다.

Looking through the camera lens _____ him _____ the scene.

고난도 도전

다음 괄호 안의 주어진 단어를 활용하여 문장을 완성하시오.

| 대 표 예 제 |

1 그들의 사적인 삶들이 당신의 아이들에게 영향을 줄지도 모른다. (might) 7단어

→ _____

_____

2 당신은 그들이 모든 면에서 완벽하기를 기대하면 안 된다. (should) 11단어

→ _____

_____

| 유형연습 01 |

1 간디는 단식을 그만두었다. (fast) 3단어

→ _____

_____

2 파키스탄은 인도에서 분리되었다. (separate) 5단어

→ _____

_____

| 유형연습 02 |

1 너의 카메라를 사용하는 것을 배워라. 5단어

→ _____

_____

2 많은 사람들은 특별한 순간 동안 사진들을 찍는다. (photos, moments) 7단어

→ _____

_____

| 대 표 예 제 |

A 우리말은 영어로, 영어는 우리말로 쓰시오.

1 cooperation _____

2 scary-looking _____

3 gas station _____

4 호기심 _____

5 보호 _____

6 약속; 임명 _____

B 괄호 안의 주어진 단어를 바르게 배열하시오.

1 또 다른 한 가지 이유는 보호를 위한 것이다.

(for, reason, another, is) protection.

→ _____

_____

2 외로운 사람으로 보이지 않기 위해 사람들은 전화하는 척한다.

People fake phone calls (like, to, not, look) a lonely person.

→ _____

_____

C 다음 빈칸에 들어갈 알맞은 단어를 적으시오.

1 그녀는 두려움을 느껴 전화로 통화하는 척했다.

She pretended to talk on the phone _____

_____ _____.

2 'Communifaking'은 말하는 척하거나 휴대폰으로 메시지를 보내고 있는 것처럼 가장하는 것을 의미한다.

'Communifaking' means _____ _____
talk or send text messages on a cell phone.

| 유형연습 01 |

A 우리말은 영어로, 영어는 우리말로 쓰시오.

1 appealing _____

2 recent _____

3 favorite _____

4 연구, 공부 _____

5 만화 _____

6 당장 _____

B 괄호 안의 주어진 단어를 바르게 배열하시오.

1 당신은 왜 그런지 추측할 수 있는가?

(you, why, can, guess)?

→ _____

_____

2 그러한 매력적인 광고들을 보는 아이들은 또한 집에만 머무르는 경향이 있다.

Kids who watch those attractive commercials (tend, stay, to, also) only at home.

→ _____

_____

C 다음 빈칸에 들어갈 알맞은 단어를 적으시오.

1 그것은 TV의 광고들 때문이다.

It's _____ _____ the commercials on TV.

2 TV를 많이 보는 어린이들은 그렇지 않은 어린이들보다 더 과체중이 되는 경향이 있다.

Kids who watch a lot of TV tend to be more overweight than _____ _____ do not.

| 유형연습 02 |

A 우리말은 영어로, 영어는 우리말로 쓰시오.

1 energy _____

2 weight-loss _____

3 benefit _____

4 활동 _____

5 배부른, 가득한 _____

6 침묵을 지키는, 조용한 _____

B 괄호 안의 주어진 단어를 바르게 배열하시오.

1 당신은 공복으로 걷는다.

You (walk, an empty stomach, with).

→ _____

_____

2 당신은 저녁 시간 내내 더 많은 활력을 얻을 것이다.

You'll get more energy (the, hours, throughout, evening).

→ _____

_____

C 다음 빈칸에 들어갈 알맞은 단어를 적으시오.

1 걷기는 할 수 있는 가장 쉬운 운동 중 하나이다.

Walking is one of _____ _____ _____ to do.

2 그것은 당신의 신진대사에 강력한 신호를 보낸다.

It _____ powerful signals _____ your metabolism.

고난도 도전

다음 괄호 안의 주어진 단어를 활용하여 문장을 완성하시오.

| 대 표 예 제 |

1 한 여성이 ABCNews.com에 그녀의 이야기를 말했다. (a) 6단어

→ _____

_____

2 가장 일반적인 이유는 체면 관리를 하기 위한 것이다. (for) 8단어

→ _____

_____

| 유형연습 01 |

1 아이들은 나가서 당장 그것을 사고 싶어 한다. (get) 10단어

→ _____

_____

2 아이들이 TV를 볼 때, 그들은 프로그램들 사이에 광고들을 본다. (commercials) 10단어

→ _____

_____

| 유형연습 02 |

1 당신은 더 많은 열량을 소모할 수도 있다. (calories) 5단어

→ _____

_____

2 당신은 당신의 식사 후에 활동적인 상태에 있다. (stay, active) 6단어

→ _____

| 대표예제 |

A 우리말은 영어로, 영어는 우리말로 쓰시오.

1 share _____

2 go on a diet _____

3 keep a diary _____

4 관계 _____

5 온기, 따뜻함 _____

6 재발견하다 _____

B 괄호 안의 주어진 단어를 바르게 배열하시오.

1 그것은 영혼을 풍요롭게 만드는 것이기도 하다.

It is (soul, that, makes, the, something, rich) as well.

→ _____

_____

2 이런 따뜻한 음식들의 기억들에는 그것들을 함께 먹었던 사람들이 포함된다.

The memories of these warm foods include the (them, who, people, ate) together.

→ _____

_____

C 다음 빈칸에 들어갈 알맞은 단어를 적으시오.

1 그 맛있는 음식들을 함께 먹는 것은 우리의 관계를 강하게 만든다.

_____ those delicious foods together _____ our relationships _____.

2 많은 사람들이 음식을 함께 먹는 이점들을 재발견하고 있다.

Many people are rediscovering the _____ of _____ meals.

| 유형연습 01 |

A 우리말은 영어로, 영어는 우리말로 쓰시오.

1 stand up _____

2 on the other hand _____

3 survive _____

4 지배하다 _____

5 조상 _____

6 구별하다 _____

B 괄호 안의 주어진 단어를 바르게 배열하시오.

1 공룡들과 오늘날의 파충류들이 실제로는 아주 다르다.

Dinosaurs and modern reptiles (different, are quite, actually).

→ _____

_____

2 오늘날의 파충류들은 그들의 체온을 조절하기 위해 주변 환경을 이용한다.

Today's reptiles use the environment (body temperature, their, control, to).

→ _____

_____

C 다음 빈칸에 들어갈 알맞은 단어를 적으시오.

1 공룡들의 다리들은 그들 몸의 아래쪽에 있었다.

Dinosaurs' legs were _____ _____ _____ of their body.

2 대부분의 공룡들은 파충류들보다 훨씬 더 컸다.

Most dinosaurs were much _____ _____ the reptiles.

| 유형연습 02 |

A 우리말은 영어로, 영어는 우리말로 쓰시오.

1 fact _____

2 reason _____

3 heavily _____

4 성공한, 성공적인 _____

5 땅 _____

6 진흙 _____

B 괄호 안의 주어진 단어를 바르게 배열하시오.

1 나는 조심해서 그 젖은 곳을 피해 걷는다.

I (walk, carefully, around) the wet spots.

→ _____

_____

2 개들은 우리처럼 외부 환경에 대해 신경 쓰지 않는다.

Dogs don't care about external circumstances (do, like, we).

→ _____

_____

C 다음 빈칸에 들어갈 알맞은 단어를 적으시오.

1 나의 개들은 여전히 산책을 가길 원한다.

My dogs still want to _____ _____ _____
_____.

2 대부분의 개들은 대부분의 사람들보다 훨씬 더 행복하다.

Most dogs are _____ _____ _____
most people.

고난도 도전

다음 괄호 안의 주어진 단어를 활용하여 문장을 완성하시오.

| 대 표 예 제 |

1 그것은 우리가 서로에게 관심을 갖는 방식이다. (way)
9단어

→ _____

_____

2 음식은 신체를 위한 칼로리와 영양분 그 이상이다.
(calories) 10단어

→ _____

_____

| 유형연습 01 |

1 공룡들은 그들 자신의 체온을 조절했다. (their own)
6단어

→ _____

_____

2 그들은 그들의 주변 환경에 의존하지 않았다.
(surroundings) 7단어

→ _____

_____

| 유형연습 02 |

1 나는 보통 비가 멈출 때까지 기다린다. (usually) 7단어

→ _____

_____

2 그 개들은 행복하게 그 웅덩이들에서 첨벙거린다.
(through) 7단어

→ _____

_____

| 대표예제 |

A 우리말은 영어로, 영어는 우리말로 쓰시오.

1 tend to _____

2 bedtime story _____

3 attention _____

4 특별한 _____

5 사라지다 _____

6 독립한, 독립적인 _____

B 괄호 안의 주어진 단어를 바르게 배열하시오.

1 글 읽는 법을 배우고 싶어 하지 않는 아이들이 있다.

There are children who (want, to, don't, to, learn) read.

→ _____

_____

2 맏이들은 이른 나이에 독립적이 되기 쉽다.

The eldest children tend to be independent (age, an, at, early).

→ _____

_____

C 다음 빈칸에 들어갈 알맞은 단어를 적으시오.

1 그들은 그들의 부모가 그들에게 옛날이야기를 읽어주는 것을 멈출 것이라고 생각한다.

They think their parents will _____ _____ bedtime stories to them.

2 아이들이 혼자서 읽는 법을 배운 후에도 당신이 그들에게 이야기를 계속해서 읽어줄 것이다.

You will continue to read stories to them even after they learn to read _____ _____.

| 유형연습 01 |

A 우리말은 영어로, 영어는 우리말로 쓰시오.

1 digestive _____

2 stomach _____

3 nutrient _____

4 혈액, 피 _____

5 씹다 _____

6 (베어) 물다 _____

B 괄호 안의 주어진 단어를 바르게 배열하시오.

1 그것은 삼키기가 더 쉬워진다.

It becomes (swallow, easier, to).

→ _____

2 당신의 입은 소화 과정의 첫 번째 단계이다.

Your mouth is (of, first, the, stage) the digestive process.

→ _____

_____

C 다음 빈칸에 들어갈 알맞은 단어를 적으시오.

1 그것은 소화의 다음 단계를 돕는다.

It _____ _____ the next step of the digestion.

2 당신은 당신의 이로 음식을 더 작은 조각으로 부순다.

You _____ your food _____ smaller pieces _____ your teeth.

| 유형연습 02 |

A 우리말은 영어로, 영어는 우리말로 쓰시오.

1 according to _____

2 artistic _____

3 culture _____

4 문명 _____

5 지식, 인식, 이해 _____

6 빗; 빗질하다 _____

B 괄호 안의 주어진 단어를 바르게 배열하시오.

1 그 인형은 상자를 여는 작은 열쇠를 쥐고 있었다.

The doll held (to, a tiny key, the box, open).

→ _____

_____

2 로마 문명의 젊은 구성원들은 그들의 인형에게 옷을 입히고 장식했다.

The younger members of Roman civilization (their dolls, dressed, decorated, and).

→ _____

_____

C 다음 빈칸에 들어갈 알맞은 단어를 적으시오.

1 한 상아 인형이 그녀의 주인 옆에서 발견되었다.

An ivory doll was found _____ _____ her owner.

2 로마의 인형 제작자들은 이집트인들에 의해 개발되었던 기술을 사용했다.

Roman doll-makers used technology _____ _____ the Egyptians.

고난도 도전

다음 괄호 안의 주어진 단어를 활용하여 문장을 완성하시오.

| 대 표 예 제 |

1 아이들은 부모님의 관심을 좋아한다. (like) 5단어

→ _____

_____

2 이 특별한 관심이 사라지게 될 것이다. (this) 5단어

→ _____

_____

| 유형연습 01 |

1 음식은 당신의 입속에서 더 작아진다. 6단어

→ _____

_____

2 당신의 음식이 이리저리 움직이면서, 그것은 침으로 막이 씌워진다. (as, around, coat, saliva) 10단어

→ _____

_____

| 유형연습 02 |

1 그 인형은 손가락에 반지들을 끼고 있었다. (have) 7단어

→ _____

_____

2 그들은 인형들을 아름답게 만들려고 노력했다. (try to) 6단어

→ _____

_____

| 대 표 예 제 |

A 우리말은 영어로, 영어는 우리말로 쓰시오.

1 describe _____

2 negative _____

3 root _____

4 줄기 _____

5 두꺼운 _____

6 실험 _____

B 괄호 안의 주어진 단어를 바르게 배열하시오.

1 당신의 식물 앞에서 말을 할 때에는 조심하라.

Be careful when you are talking (in, your, of, plants, front).

→ _____

_____

2 그들은 다른 장소에 심었던 두 개의 씨앗에 대한 실험을 설명했다.

They described an experiment about two seeds (in, were, which, planted) different places.

→ _____

_____

C 다음 빈칸에 들어갈 알맞은 단어를 적으시오.

1 나머지 식물은 단지 부정적인 생각만을 받았다.

_____ _____ plant was given only negative ideas.

2 그것은 더 많고 긴 뿌리들을, 더 두꺼운 줄기를, 더 많은 잎들을 가졌다.

It had _____ and _____ roots, a _____ stem and _____ leaves.

| 유형연습 01 |

A 우리말은 영어로, 영어는 우리말로 쓰시오.

1 at least _____

2 greatly _____

3 improve _____

4 기억(력), 추억 _____

5 불안감, 걱정거리 _____

6 요즘, 최근에 _____

B 괄호 안의 주어진 단어를 바르게 배열하시오.

1 나는 내가 생각했던 것만큼 집중하지 못하는 것 같다.

I'm not (I, as focused as, thought).

→ _____

_____

2 커피 섭취 효과에 관한 연구가 뉴스 기사에 나온다.

A study on the effects of drinking coffee (out, comes, the news, in).

→ _____

_____

C 다음 빈칸에 들어갈 알맞은 단어를 적으시오.

1 그녀는 매일 세 잔의 커피를 마시기 시작한다.

She _____ _____ _____ three cups of coffee every day.

2 하루에 두 잔 이상의 커피를 마시는 것이 집중력을 저하시킨다.

Drinking _____ _____ two cups of coffee a day decreases attention.

| 유형연습 02 |

A 우리말은 영어로, 영어는 우리말로 쓰시오.

1 go back   _____

2 still   _____

3 more than   _____

4 도착하다   _____

5 던지다   _____

6 메시지   _____

B 괄호 안의 주어진 단어를 바르게 배열하시오.

1 그는 왕과 왕비에게 자신의 발견을 전하지 못할 것을 걱정했다.

He feared (could, tell, he, never) the king and queen of his discovery.

→ _____

_____

2 미국 배의 선장은 그것을 아프리카 해안 앞바다에서 발견했다.

The captain of an American ship found it (Africa, the coast, off, of).

→ _____

_____

C 다음 빈칸에 들어갈 알맞은 단어를 적으시오.

1 그의 배는 극심한 폭풍에 휘말렸다.

His ship _____ _____ _____ a bad storm.

2 콜럼버스는 여전히 유럽에서 멀리 떨어져 있었다.

Columbus was _____ _____ _____ Europe.

고난도 도전

다음 괄호 안의 주어진 단어를 활용하여 문장을 완성하시오.

| 대 표 예 제 |

1 그것들이 당신의 말을 듣고 있을지도 모른다! (may) 6단어

→ _____

_____

2 그 사랑을 받은 식물은 더 커졌다. (was) 5단어

→ _____

_____

| 유형연습 01 |

1 그녀는 모든 것을 더 잘 기억한다. (things) 4단어

→ _____

_____

2 두 번째 연구 또한 설득력이 있다. (also, powerful) 6단어

→ _____

_____

| 유형연습 02 |

1 당신은 언제 그리고 어디에 그 메시지가 도착하는지 알지 못한다. 9단어

→ _____

_____

2 그는 그것을 나무로 만들어진 병에 넣고 그것을 배 밖으로 던졌다. (wooden, overboard) 11단어

→ _____

_____

| 대표예제 |

A 우리말은 영어로, 영어는 우리말로 쓰시오.

1 despite   _____

2 vehicle   _____

3 traditional   _____

4 기능   _____

5 환경 친화적인   _____

6 전기의   _____

B 괄호 안의 주어진 단어를 바르게 배열하시오.

1 그것은 일부 보행자들에게 위험할 수 있다.

(be, could, dangerous, it) to some pedestrians.

→ _____

_____

2 이 환경 친화적인 차량들에 소리를 내는 기능이 더해져야 한다.

A soundmaking function (added, be, to, should) these eco-friendly vehicles.

→ _____

_____

C 다음 빈칸에 들어갈 알맞은 단어를 적으시오.

1 그들은 이산화탄소를 배출하지 않는다.

They don't _____ _____ carbon dioxide.

2 전기차는 전통적인 차에 비해서 많은 이점을 가지고 있다.

Electric cars have many advantages _____ _____ traditional ones.

| 유형연습 01 |

A 우리말은 영어로, 영어는 우리말로 쓰시오.

1 concentrate on   _____

2 correctly   _____

3 thump   _____

4 점수를 기록하다   _____

5 살아가다, 간신히 해내다   _____

6 그날그날, 하루하루   _____

B 괄호 안의 주어진 단어를 바르게 배열하시오.

1 우리는 기회에 둘러싸여 있다.

We (chances, surrounded, by, are).

→ _____

_____

2 당신의 코앞에 있는 것을 보려면 끊임없는 노력이 필요하다.

To see (in, is, front of, what) your nose needs constant work.

→ _____

_____

C 다음 빈칸에 들어갈 알맞은 단어를 적으시오.

1 우리는 우리 코앞에 기회들을 보지 못한다.

We do not see the chances _____ _____ _____ our nose.

2 고릴라 옷을 입은 사람이 그 그룹 사이로 걸어 들어왔다.

A man in a gorilla costume walked _____ _____ _____ _____ the group.

| 유형연습 02 |

A 우리말은 영어로, 영어는 우리말로 쓰시오.

1 defend _____

2 protect _____

3 find out _____

4 목격, 광경 _____

5 행동, 습성, 태도 _____

6 자세하게 _____

B 괄호 안의 주어진 단어를 바르게 배열하시오.

1 향유고래는 대양을 가로질러 이동할 수 있다.

Sperm whales (oceans, travel, can, across).

→ _____

_____

2 DNA는 그들의 서로와의 관계를 드러낸다.

The DNA shows (each other, to, their relation-ships).

→ _____

_____

C 다음 빈칸에 들어갈 알맞은 단어를 적으시오.

1 고래들은 다시 잠수한다.

The whales _____ _____ again.

2 DNA는 고래의 이러한 피부 조각들에서 추출된다.

The DNA _____ _____ _____ these bits of whale skin.

고난도 도전

다음 괄호 안의 주어진 단어를 활용하여 문장을 완성하시오.

| 대 표 예 제 |

1 그들은 소음 공해를 덜 만들어 낸다. (produced) 5단어

→ _____

_____

2 전기차가 다가오는 것을 듣기는 어렵다. (to, coming) 9단어

→ _____

_____

| 유형연습 01 |

1 동일한 것이 우리의 삶에 적용된다. (same, lives) 6단어

→ _____

_____

2 그는 한 그룹의 자원자들에게 패스들을 세어 달라고 부탁했다. 10단어

→ _____

_____

| 유형연습 02 |

1 고래의 행동은 대부분 수중에서 일어난다. (mostly, happen) 5단어

→ _____

_____

2 향유고래는 사회적 집단들로 이동한다. (in, groups) 6단어

→ _____

_____

| 대 표 예 제 |

A 우리말은 영어로, 영어는 우리말로 쓰시오.

1 fuel _____

2 crisis _____

3 tropical _____

4 선택 _____

5 지구 온난화 _____

6 경제의 _____

B 괄호 안의 주어진 단어를 바르게 배열하시오.

1 그것은 보통 그것들이 그 나라들에서부터 날아 들어온다는 것을 의미한다.

That usually means they (from, are, those, flown, in) countries.

→ _____

_____

2 우리가 과일에 대한 선택권을 더 많이 가지면 가질수록, 지구 온난화는 더욱 더 심각해진다.

The more choices of fruits we have, (becomes, serious, the, global warming, more).

→ _____

_____

C 다음 빈칸에 들어갈 알맞은 단어를 적으시오.

1 이것은 많은 연료가 그것들을 키우기 위해 소모된다는 것을 의미한다.

This means a lot of fuel _____ _____ _____ to grow them.

2 마찬가지로, 우리는 겨울에 수박과 같은 여름 과일들을 먹을 수 있다.

_____, we can eat our summer fruits _____ watermelons in winter.

| 유형연습 01 |

A 우리말은 영어로, 영어는 우리말로 쓰시오.

1 solve _____

2 small-sized _____

3 less than _____

4 1인분, 1회 제공양 _____

5 다양한 _____

6 비슷한 _____

B 괄호 안의 주어진 단어를 바르게 배열하시오.

1 그들은 단지 한 가지의 음식만을 선택할 필요가 없다.

They (need, do not, choose, to) just one type of food.

→ _____

_____

2 무엇을 주문할지 결정하는 데 어려움을 느낀 적이 있는가?

Do you ever (trouble, have, deciding) what to order?

→ _____

_____

C 다음 빈칸에 들어갈 알맞은 단어를 적으시오.

1 어떤 품목도 3달러를 넘지 않는다.

_____ _____ costs more than three dollars.

2 그들은 Los Angeles에 '한입 크기' 식당을 개장했다.

They opened a(n) '_____' restaurant _____ Los Angeles.

| 유형연습 02 |

A 우리말은 영어로, 영어는 우리말로 쓰시오.

1 psychologist _____

2 experiment _____

3 distance _____

4 좌절감을 느끼게 하는 _____

5 경쟁 _____

6 도전적인 _____

B 괄호 안의 주어진 단어를 바르게 배열하시오.

1 대부분의 사람들은 기둥으로부터 충분한 거리를 두었다.

Most of the people moved (away, enough, from, far) the post.

→ _____

_____

2 긴장을 만들어 냈다 해소하는 과정이 그 행위를 자극적으로 만들었다.

The process of making and easing tension (the activity, stimulating, made).

→ _____

_____

C 다음 빈칸에 들어갈 알맞은 단어를 적으시오.

1 예상했던 대로, 그들은 고리를 기둥을 향해 던지기 시작했다.

_____ _____, they began tossing the rings around the post.

2 그들은 의도적으로 좌절감과 무료함 사이에 자신들을 위치시켰다.

They put themselves between frustration and boredom _____ _____.

고난도 도전

다음 괄호 안의 주어진 단어를 활용하여 문장을 완성하시오.

| 대 표 예 제 |

1 문제는 여기서 발생한다. (a) 4단어

→ _____

_____

2 그것은 온실가스를 증가시킨다. (to) 7단어

→ _____

| 유형연습 01 |

1 그 식당은 매우 인기 있게 되었다. (become) 5단어

→ _____

2 그 식당은 32개의 작은 품목들이 메뉴에 있다. (have, thirty-two) 9단어

→ _____

_____

| 유형연습 02 |

1 이것은 그 고리던지기를 도전적으로 만들었다. (ring toss) 6단어

→ _____

_____

2 그것은 바닥 위에 하나의 짧은 나무로 만든 기둥을 가지고 있었다. (on) 9단어

→ _____

| 대 표 예 제 |

A 우리말은 영어로, 영어는 우리말로 쓰시오.

1 occur   _____

2 attitude   _____

3 popularity   _____

4 지위   _____

5 조직되지 않은   _____

6 체육   _____

B 괄호 안의 주어진 단어를 바르게 배열하시오.

1 실제로 일어나고 있는 것은 학생들이 계획성 없는 활동에 참여하도록 남겨진다는 것이다.

(is, actually, what, occurs, that) students are left to engage in unorganized activities.

→ _____

_____

2 쉬는 시간은 아이들이 학교에서 신체적인 활동에 참여할 수 있는 주요 돌파구가 되었다.

Recess has become the main outlet (participate, children, to, in, for) physical activity.

→ _____

_____

C 다음 빈칸에 들어갈 알맞은 단어를 적으시오.

1 현실에서, 쉬는 시간은 이전보다 더 중요해졌다.

_____ _____, recess has become more important than ever.

2 그것은 신체 활동에 참여할 뿐 아니라 그들의 인성을 쌓을 수 있는 기회이다.

It is an opportunity _____ _____ to engage in physical activity, _____ _____ to build their character.

| 유형연습 01~02 |

A 우리말은 영어로, 영어는 우리말로 쓰시오.

1 German   _____

2 falling tone   _____

3 born   _____

4 시사하다, 제안하다   _____

5 모국어   _____

6 비슷한   _____

B 괄호 안의 주어진 단어를 바르게 배열하시오.

1 이 패턴은 두 언어 사이에 몇 가지 차이점을 나타냈다.

These patterns indicated (the differences, of, between, some) the two languages.

→ _____

_____

2 한 팀의 연구원들은 건강한 신생아 60명의 울음소리를 녹음했다.

A team of researchers recorded (60, the cries, healthy newborns, of).

→ _____

_____

C 다음 빈칸에 들어갈 알맞은 단어를 적으시오.

1 그것은 그들이 자궁 속에서 들은 것이다.

That is _____ _____ _____ in the womb.

2 30명의 아기들은 불어를 사용하는 가정에서 태어났다.

30 babies _____ _____ _____ French-speaking families.

| 유형연습 03~04 |

A 우리말은 영어로, 영어는 우리말로 쓰시오.

1 study   _____

2 signal   _____

3 consider   _____

4 현재의, 참석한   _____

5 조정하다, 적응하다   _____

6 필요한   _____

B 괄호 안의 주어진 단어를 바르게 배열하시오.

1 다른 야구장 조건들 또한 야구공이 펜스를 넘어가도록 한다.

Other park conditions also (a ball, make, fly over) the fences.

→ _____

_____

2 당신은 펜스를 향해 공을 치려고 더 열심히 노력하게 될 것이다

You will try harder (the ball, toward the fence, to hit).

→ _____

_____

C 다음 빈칸에 들어갈 알맞은 단어를 적으시오.

1 그냥 1루타만 시도해서 베이스를 밟아라.

Just _____ _____ a single to get on base.

2 중요한 것은 펜스까지의 거리에 대한 당신의 생각이다.

The important thing is _____ _____ _____ the distance to the fence.

고난도 도전

다음 괄호 안의 주어진 단어를 활용하여 문장을 완성하시오.

| 대 표 예 제 |

1 쉬는 시간은 자유 시간 그 이상이다. (much) 7단어

→ _____

_____

2 쉬는 시간은 기회로 여겨져야 한다. (should) 7단어

→ _____

| 유형연습 01~02 |

1 과학자들에 따르면, 그것은 그렇지 않다. (that, case) 7단어

→ _____

_____

2 프랑스의 신생아들은 상승 어조로 우는 경향이 있었다. (The French, tend) 10단어

→ _____

_____

| 유형연습 03~04 |

1 그 해답은 사람의 마음가짐에 있다. (lie, one's) 6단어

→ _____

_____

2 그 펜스들이 너무 멀리 떨어져 있는 것처럼 보이는가? (far away) 7단어

→ _____

_____

| 대 표 예 제 |

A 우리말은 영어로, 영어는 우리말로 쓰시오.

1 give up _____

2 record _____

3 make it _____

4 끊임없는; 끝 없는 _____

5 작곡가 _____

6 노력 _____

B 괄호 안의 주어진 단어를 바르게 배열하시오.

1 Don이 쓰고 녹음한 것이 바로 그 노래였다!

(the song, was, it, that) Don wrote and recorded!

→ _____

_____

2 그 노래는 그 당시에 가장 유명한 노래들 가운데 하나였다.

It was (famous, songs, one, the, most, of) of that time.

→ _____

_____

C 다음 빈칸에 들어갈 알맞은 단어를 적으시오.

1 우리는 서로 연락이 거의 끊어졌다.

We almost _____ _____ _____ each other.

2 그는 끊임없는 노력의 결과로 성공한 작곡가가 되었다.

He became a successful composer _____ _____ _____ of his endless efforts.

| 유형연습 01~03 |

A 우리말은 영어로, 영어는 우리말로 쓰시오.

1 studious _____

2 main role _____

3 challenge _____

4 배역, 부분 _____

5 음역, 범위 _____

6 완벽하게 _____

B 괄호 안의 주어진 단어를 바르게 배열하시오.

1 그녀가 한 말은 Victoria를 한동안 깊게 생각하도록 했다.

What she said (made, think, Victoria) deeply for a while.

→ _____

_____

2 그 대본은 그녀가 무대로부터 6피트 위에 매달리도록 요구했다.

The script (to hang, required, her) six feet above the stage.

→ _____

_____

C 다음 빈칸에 들어갈 알맞은 단어를 적으시오.

1 Victoria는 시도해 보기로 결심했다.

Victoria decided to _____ ____ ____ ____.

2 Victoria는 자기 자신을 자랑스럽게 느꼈다.

Victoria _____ _____ _____ herself.

| 유형연습 04~06 |

A 우리말은 영어로, 영어는 우리말로 쓰시오.

1 anxious _____

2 freshman _____

3 struggle _____

4 포즈를 취하다 _____

5 자신감 있는 _____

6 엄격해 보이는 _____

B 괄호 안의 주어진 단어를 바르게 배열하시오.

1 Hannah는 그녀의 선생님들과 사진을 더 찍었다.

Hannah (more, with, pictures, took) her teachers.

→ _____

_____

2 그녀는 그녀의 휴대 전화를 꺼내 줌렌즈로 그녀의 딸을 확대했다.

She took out her cell phone, and (in, on, zoomed, her daughter).

→ _____

_____

C 다음 빈칸에 들어갈 알맞은 단어를 적으시오.

1 고등학교 운동장은 옷을 잘 차려입은 사람들로 가득 찼다.

The high school grounds _____ _____ _____ well-dressed people.

2 그녀는 고등학교 생활이 교장 선생님께서 말씀하신 대로 도전적이라고 생각했다.

She thought that high school life was challenging _____ _____ _____ _____.

| 고난도 도전 |

다음 괄호 안의 주어진 단어를 활용하여 문장을 완성하시오.

| 대 표 예 제 |

1 그는 자신을 음악가로 여겼다. (a) 5단어

→ _____

2 그는 기타 연주하는 법을 배웠다. (learned, to) 7단어

→ _____

_____

| 유형연습 01~03 |

1 그녀는 중대한 도전에 직면했다. (be faced with) 7단어

→ _____

_____

2 그녀는 그 코러스단에 섞이는 것을 선호했다. (blend into) 7단어

→ _____

_____

| 유형연습 04~06 |

1 너는 무엇에 대하여 생각하고 있니? 5단어

→ _____

_____

2 교장선생님은 활기차게 고등학교 생활의 도전에 대해 말씀하시고 계셨다. (cheerfully, life) 12단어

→ _____

_____

MINI TEST

Workbook

| MINI TEST 01 |

A 우리말은 영어로, 영어는 우리말로 쓰시오.

1 enemy _____

2 sweet _____

3 gain weight _____

4 결말, 결과 _____

5 선택하다 _____

6 부작용 _____

B 괄호 안의 주어진 단어를 바르게 배열하시오.

1 나는 올바른 음식이 무엇인지 정말로 몰랐다.

I didn't really know (the, foods, what, were, right).

→ _____

_____

2 나의 기력은 돌아왔고, 난 계속해서 살이 빠졌다.

My energy returned, and I (drop, continued, weight, to).

→ _____

_____

C 다음 빈칸에 들어갈 알맞은 단어를 적으시오.

1 그래서 나는 적은 양의 식사를 먹기 시작했다.

So I _____ ____ _____ small meals.

2 나는 단지 더 좋은 선택을 해야 했다.

I just _____ ____ _____ better choices.

| MINI TEST 02 |

A 우리말은 영어로, 영어는 우리말로 쓰시오.

1 muscle _____

2 blood _____

3 average _____

4 10억 _____

5 기원 _____

6 기능 _____

B 괄호 안의 주어진 단어를 바르게 배열하시오.

1 심장은 가슴의 한 가운데에 있다.

Th heart is (of, middle, the, in, the chest).

→ _____

_____

2 평균 심장은 하루에 10만 번 고동친다.

An average heart (100,000, a, day, times, beats).

→ _____

_____

C 다음 빈칸에 들어갈 알맞은 단어를 적으시오.

1 밸런타인데이에 많은 사람들이 심장 모양의 선물을 교환한다.

_____ Valentine's Day, many people _____ _____ gifts.

2 사람의 심장은 전형적인 밸런타인데이 모양처럼 보이지 않는다.

The human heart does not actually _____ _____ the _____ valentine shape.

| MINI TEST 03 |

A 우리말은 영어로, 영어는 우리말로 쓰시오.

1 voice _____

2 speech _____

3 late _____

4 극장 _____

5 대답하다 _____

6 ~라는 이름의 _____

B 괄호 안의 주어진 단어를 바르게 배열하시오.

1 나는 전화 소리에 의해 잠이 깼다.

I (awakened, by, was) a phone call.

→ _____

_____

2 나는 엄마가 이렇게 화나시리라고는 생각지 못했어요.

I didn't think that (you'd, angry, this, be).

→ _____

_____

C 다음 빈칸에 들어갈 알맞은 단어를 적으시오.

1 제 차의 타이어가 펑크났어요.

The tire of my car just _____ _____.

2 전화 건 사람은 급하게 장황한 말을 늘어놓기 전에 잠시 멈췄다.

The caller paused for a moment before _____ _____ a long speech.

다음 괄호 안의 주어진 단어를 활용하여 문장을 완성하시오.

| MINI TEST 01 |

1 나는 내가 잘못된 음식들을 먹고 있다는 것을 알았다.
(eat, wrong) 7단어

→ _____

_____

2 놀랍지 않게, 나는 살이 빠졌지만, 나는 기력이 없었다.
(surprisingly, lost, no) 10단어

→ _____

_____

| MINI TEST 02 |

1 비만인 사람들의 심장은 노란색으로 보인다.
(look) 7단어

→ _____

_____

2 사람의 심장은 주먹의 모양을 닮았다. (the shape, a fist) 9단어

→ _____

_____

| MINI TEST 03 |

1 그런데 나는 Susan이라는 이름의 딸이 없어요. (have) 8단어

→ _____

_____

2 그 사람이 전화를 잘못 걸었다는 것을 알았다. (person, have) 6단어

→ _____

_____

| MINI TEST 04 |

A 우리말은 영어로, 영어는 우리말로 쓰시오.

1 traditional _____

2 farming _____

3 extended _____

4 해결하다 _____

5 흘리다, 흐르다 _____

6 몹시 추운 _____

B 괄호 안의 주어진 단어를 바르게 배열하시오.

1 작물 재배 시기는 제한될 수 있다.

(for, the growing seasons, crops) can be limited.

→ _____

_____

2 한 과학자는 건물 안에서 농작물을 재배하는 것을 제안했다.

A scientist suggested (crops, a building, inside, growing).

→ _____

_____

C 다음 빈칸에 들어갈 알맞은 단어를 적으시오.

1 토양을 불어 날릴 바람은 없다.

There is no wind to _____ _____ soil.

2 농부들은 너무 많은 비나 너무 적은 비에 대해 걱정할 필요가 없다.

Farmers _____ _____ _____ worry about too much or too _____ rain.

| Mini Test 05 |

A 우리말은 영어로, 영어는 우리말로 쓰시오.

1 researcher _____

2 simply _____

3 worry _____

4 잊다 _____

5 퍼뜨리다 _____

6 측정하다 _____

B 괄호 안의 주어진 단어를 바르게 배열하시오.

1 소수의 행복한 친구가 있는 것이 더 도움이 된다.

It is more helpful (to, a few, have, friends, happy).

→ _____

_____

2 당신은 환한 미소와 함께 행복을 퍼뜨릴 수 있다.

You can spread (with, a bright smile, happiness).

→ _____

_____

C 다음 빈칸에 들어갈 알맞은 단어를 적으시오.

1 이것은 당신이 사람들과의 관계를 끊어야 한다고 제안하는 것은 아니다.

This doesn't suggest that you should _____ _____ _____ people.

2 만약 내가 간접적으로 아는 누군가가 행복하면 그것은 10% 증가할 것이다.

If someone I know _____ is happy, it will _____ by 10 percent.

| Mini Test 06 |

A 우리말은 영어로, 영어는 우리말로 쓰시오.

1 observation   _____

2 so that   _____

3 look back   _____

4 관심   _____

5 감정적인   _____

6 칭찬하다; 칭찬   _____

B 괄호 안의 주어진 단어를 바르게 배열하시오.

1 당신은 상황이 어떻게 발달해왔는지 알 수도 있다.

You may see (have, how, developed, situations).

→ _____

_____

2 그것은 당신이 당신의 일상 생활에서 벗어나는데 도움이 된다.

It (to, step out, you, helps) of your everyday routines.

→ _____

_____

C 다음 빈칸에 들어갈 알맞은 단어를 적으시오.

1 당신의 아이가 영리한지 아닌지를 결정하는 데는 주의 깊은 관찰을 필요로 한다.

Deciding whether your child is bright needs

_____ _____.

2 매일 적는 기록 책은 당신이 영리한 아이를 가지고 있는지를 확인하는데 도움이 될 것이다.

A daily record book will help you to _____ _____ you have a bright child.

고난도 도전 04~06

다음 괄호 안의 주어진 단어를 활용하여 문장을 완성하시오.

| MINI TEST 04 |

1 건물 안에서 농작물은 일 년 내내 자랄 수 있다. (inside, all year) 8단어

→ _____

_____

2 해충을 제거하기 위한 화학 물질에 대한 필요도 없다. (no, chemicals, harmfu) 10단어

→ _____

_____

| MINI TEST 05 |

1 한 연구자가 행복의 비밀을 말해 준다. (tell) 7단어

→ _____

_____

2 당신은 행복의 원천이라는 것을 기억해라. (the source) 8단어

→ _____

_____

| MINI TEST 06 |

1 기록을 하는 것이 매우 도움이 될 수 있다. (it, very, to) 9단어

→ _____

_____

2 당신은 당신의 아이에 대해서 더 객관적인 견해를 얻을 수 있다. (get, a, view) 10단어

→ _____

_____

| MINI TEST 07 |

A 우리말은 영어로, 영어는 우리말로 쓰시오.

1 else   _____

2 annoyed   _____

3 disappoint   _____

4 꺼리다   _____

5 고용하다   _____

6 뒷정리를 하다, 청소하다   _____

B 괄호 안의 주어진 단어를 바르게 배열하시오.

1 그것은 너를 정말 짜증나게 만들 수도 있다.

It can really (you, annoyed, make).

→ _____

_____

2 너는 룸메이트에게 잘못된 메시지를 보낼 수 있다.

You can (to, the wrong messages, your roommate, send).

→ _____

_____

C 다음 빈칸에 들어갈 알맞은 단어를 적으시오.

1 너는 직접 모든 청소를 하는 것을 꺼리지 않는다.

You don't _____ _____ all the cleaning _____ .

2 네가 지저분한 룸메이트와 살아야 한다면, 너는 다음을 할 수 있다.

If you _____ _____ live with a _____ roommate, you can do the following.

| Mini Test 08 |

A 우리말은 영어로, 영어는 우리말로 쓰시오.

1 take A to B   _____

2 uneasy   _____

3 psychologist   _____

4 해결, 용해   _____

5 제공하다   _____

6 평온한, 고요한   _____

B 괄호 안의 주어진 단어를 바르게 배열하시오.

1 군인들은 집 없는 아이들을 캠프에 데리고 갔다.

The armies (camps, took, homeless children, to).

→ _____

_____

2 이 캠프에서 아이들은 보살핌을 받았다.

In these camps (were, the children, for, cared).

→ _____

_____

C 다음 빈칸에 들어갈 알맞은 단어를 적으시오.

1 내일 먹을 것이 있었다.

There was _____ _____ _____ tomorrow.

2 그는 그들이 잠들기 바로 전에 그들에게 빵 한 조각씩을 주었다.

He gave them ____ _____ ____ _____ just before they went to bed.

| Mini Test 09 |

A 우리말은 영어로, 영어는 우리말로 쓰시오.

1 opportunity _____

2 resort _____

3 miss _____

4 휴가, 방학 _____

5 도착하다 _____

6 놀랍게도 _____

B 괄호 안의 주어진 단어를 바르게 배열하시오.

1 나는 이러한 장면들이 나에게 일어나는 것을 상상했다.

I imagined (happening, these scenes, me, to).

→ _____

_____

2 나는 다른 어떤 친구들보다도 더 가고 싶어 했다.

I wanted to go (my friends, more, any, of, than).

→ _____

_____

C 다음 빈칸에 들어갈 알맞은 단어를 적으시오.

1 나는 비행기 여행을 무서워했다.

I _____ _____ _____ air travel.

2 나는 안전한 비행을 상상하면서 2주일을 보냈다.

I _____ two weeks _____ a safe flight.

고난도 도전 07~09

다음 괄호 안의 주어진 단어를 활용하여 문장을 완성하시오.

| MINI TEST 07 |

1 너는 네 룸메이트의 엄마나 가정부가 아니다. 8단어

→ _____

2 그녀는 스스로 책임지는 것을 배워야 한다. (has, for oneself) 9단어

→ _____

_____

| MINI TEST 08 |

1 그 조각은 놀라운 결과들을 만들었다. (produce) 5단어

→ _____

2 그들은 그것을 먹지 않고 단지 그것을 쥐고 있었다. (just hold) 8단어

→ _____

_____

| MINI TEST 09 |

1 나는 그 비행의 매순간을 즐겼다. (minute) 7단어

→ _____

_____

2 친구들은 비행기 여행이 고속도로 여행보다 더 안전하다고 말했다. (than) 9단어

→ _____

_____

| MINI TEST 10 |

A 우리말은 영어로, 영어는 우리말로 쓰시오.

1 optimistic _____

2 go nowhere _____

3 low _____

4 상태 _____

5 감정적인 _____

6 다양한 _____

B 괄호 안의 주어진 단어를 바르게 배열하시오.

1 그는 그 주위에 있는 모든 것을 싫어한다고 불평한다.

He complains he (everything, him, hates, around).

→ _____

_____

2 기분이 좋은 어떤 사람은 자신의 아내, 자신의 직업, 자신의 자동차를 사랑할 수도 있다.

(is, who, someone, in a good mood) might love his wife, his job, and his car.

→ _____

_____

C 다음 빈칸에 들어갈 알맞은 단어를 적으시오.

1 그들의 삶이 어느 한 순간에 갑자기 더 나빠졌다.

Their lives have suddenly _____ _____ at some point.

2 그는 아마도 자신의 과거에 대해 고마워할 것이다.

He probably _____ _____ _____ his past.

| Mini Test 11~12 ① |

A 우리말은 영어로, 영어는 우리말로 쓰시오.

1 reason _____

2 lifespan _____

3 matter _____

4 ~을 돌아보다 _____

5 경험 _____

6 지혜 _____

B 괄호 안의 주어진 단어를 바르게 배열하시오.

1 나는 항상 나의 실수들로부터 배우려고 노력했다.

I always (to, from, my mistakes, tried, learn).

→ _____

_____

2 노인들은 자주 요양원에 보내진다.

Older people are (nursing homes, to, sent, often).

→ _____

_____

C 다음 빈칸에 들어갈 알맞은 단어를 적으시오.

1 수천 년 동안 인간 문화가 노인을 공경했다.

Human cultures respected _____ _____ for _____ _____ years.

2 살아가는 방법을 알아내기 위해서 노인들의 말을 듣는 것은 매우 흔한 일은 아니다.

_____ to older people to find out _____ _____ _____ is not very common.

| Mini Test 11~12 ② |

A 우리말은 영어로, 영어는 우리말로 쓰시오.

1 find out _____

2 common _____

2 by oneself _____

3 공경하다, 존경하다 _____

4 충고 _____

5 실수 _____

B 괄호 안의 주어진 단어를 바르게 배열하시오.

1 이런 유형의 우정은 젊은이들에 의해서는 가치 있게 여겨지지 않는다.

This type of friendship (is, valued, young people, not, by).

→ _____

_____

2 75세의 수명은 우리의 삶에서 무엇이 중요한 것인지를 배우기에 그렇게 많은 시간이 아니다.

A lifespan of 75 years is not much time to learn (matters, in, our life, what).

→ _____

_____

C 다음 빈칸에 들어갈 알맞은 단어를 적으시오.

1 우리 사회는 젊은이 중심의 문화이다.

Our society is a(n) _____ _____.

2 나는 자신의 가장 친한 친구가 한 연세 드신 분이라고 말한 소년을 만났다.

I met a boy who _____ _____ _____ his best friend was an elderly man.

고난도 도전 10~12

다음 괄호 안의 주어진 단어를 활용하여 문장을 완성하시오.

| MINI TEST 10 |

1 그는 아마도 자신의 어린 시절이 꽤 힘들었다고 말할 것이다. (probably, quite) 8단어

→ _____

2 사람들은 그들의 기분들이 항상 변한다는 것을 깨닫지 않는다. (moods, always) 8단어

→ _____

_____

| MINI TEST 11~12 ① |

1 나는 나이 든 사람들로부터 현명한 조언을 받지 않았다. (receive, older) 8단어

→ _____

2 우리는 나이보다는 젊음에 가치를 두는 사회에서 살고 있다. (that, above) 10단어

→ _____

_____

| MINI TEST 11~12 ② |

1 노인들은 외롭게 산다. (older) 4단어

→ _____

2 우리는 오랫동안 살았고 지혜를 얻었던 노인들을 필요로 한다. (elders, have, a, time) 12단어

→ _____

_____

| MINI TEST 01 |

A 우리말은 영어로, 영어는 우리말로 쓰시오.

1 freeze _____

2 present _____

3 senior citizen _____

4 수준 _____

5 지불하다 _____

6 세금 _____

B 괄호 안의 주어진 단어를 바르게 배열하시오.

1 저는 당신들의 계획을 듣고서 당혹스러웠습니다.

I was upset (to, of, your plan, hear).

→ _____

_____

2 저는 당신들의 원래 계획을 따르는 것을 강력히 요청합니다.

I strongly (follow, to, ask, you) your original plan.

→ _____

_____

C 다음 빈칸에 들어갈 알맞은 단어를 적으시오.

1 우리는 또한 사회 보장 제도에 자금을 충실히 제공했습니다.

We also _____ _____ the Social Security system.

2 저는 당신들의 계획에서 갑작스런 변경을 이해할 수 없습니다.

I can't understand the _____ _____ in your _____.

| MINI TEST 02 |

A 우리말은 영어로, 영어는 우리말로 쓰시오.

1 bloom with _____

2 empty _____

3 space _____

4 전시회 _____

5 경제의 _____

6 다시 태어난 _____

B 괄호 안의 주어진 단어를 바르게 배열하시오.

1 그들은 지역 주민들에게 그들의 공간을 내주고 있다.

They are now giving (to, their space, local, people).

→ _____

_____

2 많은 문화적인 경험이 없던 사람들이 문화 행사들을 즐기고 있다.

Those people (have, didn't, many cultural experiences, who) are enjoying cultural events.

→ _____

_____

C 다음 빈칸에 들어갈 알맞은 단어를 적으시오.

1 그들은 지역 사람들의 필요를 충족시키기 위해 변화하고 있다.

They are changing to _____ the needs of _____ people.

2 학교 건물들은 한때 어린이들로 꽃을 피웠다.

School buildings _____ _____ _____ children.

| MINI TEST 03 |

A 우리말은 영어로, 영어는 우리말로 쓰시오.

1 scene _____

2 steal _____

3 arrest _____

4 조사하다, 질문하다 _____

5 깨닫다 _____

6 판매원 _____

B 괄호 안의 주어진 단어를 바르게 배열하시오.

1 이것은 그가 라디오에서 들었던 것을 기억나게 했다.

This caused him to remember (heard, he, had, what) on the radio.

→ _____

_____

2 한 운전자가 시골 도로에서 두 명의 남자들이 무거운 자루들을 들고 가는 것을 보았다.

A driver (two, saw, men, carrying) heavy bags on a country road.

→ _____

_____

C 다음 빈칸에 들어갈 알맞은 단어를 적으시오.

1 그들은 그저 계속해서 경찰에게 크게 소리만 질러 댔다.

They just _____ _____ loudly at the police.

2 두 명의 도둑이 돈으로 가득 찬 우편물 주머니들을 훔쳤다.

Two thieves stole mailbags which _____ _____ ____ money.

고난도 도전 01~03

다음 괄호 안의 주어진 단어를 활용하여 문장을 완성하시오.

| MINI TEST 01 |

1 저는 그 인상들이 꽤 합당하다고 생각합니다. (quite) 7단어

→ _____

_____

2 당신들은 수혜금을 인상하겠다는 계획을 발표했습니다. (increase, the benefits) 8단어

→ _____

_____

| MINI TEST 02 |

1 시골에 있는 많은 학교들이 이미 그들의 문들을 닫았다. (have, close) 10단어

→ _____

_____

2 방문객들은 문을 닫았던 학교들을 활기차게 만들 수도 있다. (may, the) 7단어

→ _____

_____

| MINI TEST 03 |

1 그들 중 어느 누구도 영어를 말할 수 없었다. (neither) 6단어

→ _____

_____

2 경찰은 그들이 끔찍한 실수를 했다는 것을 깨달았다. (that, make) 10단어

→ _____

_____

| MINI TEST 04 |

A 우리말은 영어로, 영어는 우리말로 쓰시오.

1 keep -ing _____

2 though _____

3 find A B _____

4 가치 있는 _____

5 외우다, 기억하다 _____

6 거의 _____

B 괄호 안의 주어진 단어를 바르게 배열하시오.

1 그는 대부분의 아이들이 그런 것보다 훨씬 더 빨리 말을 시작했다.

He (much, sooner, started, talking) than most children do.

→ _____

_____

2 이 책의 어휘는 곧 그의 일상 대화의 일부가 되었다.

(this, book, the words, in) soon became part of his everyday speech.

→ _____

_____

C 다음 빈칸에 들어갈 알맞은 단어를 적으시오.

1 한두 단어만 들었을 때 책의 나머지를 암송했다.

When _____ just one or two words, he recited the _____ of the page.

2 언어 발달에 관해서라면, 그는 그의 연령대보다 한참 앞서 있었다.

_____ ____ _____ ____ language development, he was far ahead of his age group.

| Mini Test 05|

A 우리말은 영어로, 영어는 우리말로 쓰시오.

1 flow _____

2 creature _____

3 assume _____

4 채우다 _____

5 끊임없이 _____

6 서서히 _____

B 괄호 안의 주어진 단어를 바르게 배열하시오.

1 그 구멍은 사냥꾼들의 영혼에 의해 채워질 것이다.

That hole (be, by, will, filled) the souls of the hunters.

→ _____

_____

2 남아메리카 열대 우림 지역에, Desana라는 종족이 있다.

In the South American rainforest, (a, is, there, tribe), the Desana.

→ _____

_____

C 다음 빈칸에 들어갈 알맞은 단어를 적으시오.

1 그들은 세상을 고정된 에너지의 양이라고 본다.

They _____ the world _____ a fixed amount of energy.

2 각각의 탄생이 죽음을 대체하고, 각각의 죽음이 또 다른 탄생을 가져온다.

Each birth _____ a death, and each death _____ _____ another birth.

| Mini Test 06 |

A 우리말은 영어로, 영어는 우리말로 쓰시오.

1 ecologist _____

2 such as _____

3 encourage _____

4 개혁 _____

5 ~로 이어지다 _____

6 산업 _____

B 괄호 안의 주어진 단어를 바르게 배열하시오.

1 그 섬들은 너무 작아서 그 동물들을 유지할 수 없었다.

The islands were (small, keep, too, to) the creatures.

→ _____

_____

2 그는 큰 동물의 손실이 어떻게 자연계에 영향을 끼치는지를 관찰했다.

He has observed how (of, large, the loss, animals) affects the natural world.

→ _____

_____

C 다음 빈칸에 들어갈 알맞은 단어를 적으시오.

1 결국, 생태계는 파괴되었다.

Finally, the ecosystems _____ _____.

2 이러한 동물들의 사라짐은 연쇄 반응을 야기했다.

The _____ of these animals caused a _____ _____.

다음 괄호 안의 주어진 단어를 활용하여 문장을 완성하시오.

| MINI TEST 04 |

1 나는 그에게 『피노키오』를 계속해서 읽어주었다. (keep, to) 6단어

→ _____

2 이 실험의 결과들은 나의 노력들을 가치 있게 만들었다. (make, worthwhile) 9단어

→ _____

| MINI TEST 05 |

1 세계의 에너지는 변하지 않는다. (remain) 7단어

→ _____

2 그들이 죽이는 동물들은 영혼의 우물에 구멍을 남길 것이다. (leave, the) 12단어

→ _____

| MINI TEST 06 |

1 작은 동물들이 빠르게 자랐고, 식물들을 손상시켰다. (fast) 7단어

→ _____

2 Terborgh는 물이 수십 개의 섬을 만들어 내는 것을 보았다. (see, create) 8단어

→ _____

| MINI TEST 07 |

A 우리말은 영어로, 영어는 우리말로 쓰시오.

1 instead _____

2 fill A with B _____

3 end _____

4 결과 _____

5 교육적인 _____

6 전문가의 _____

B 괄호 안의 주어진 단어를 바르게 배열하시오.

1 그 게임들을 하는 것은 재미를 위해 하는 것이었다.

(the games, playing, was) for fun.

→ _____

_____

2 내 친구는 Scrabble 보드를 통해 철자법을 배운 것을 기억한다.

My friend remembers (spell, how, learning, to) over a *Scrabble* board.

→ _____

_____

C 다음 빈칸에 들어갈 알맞은 단어를 적으시오.

1 그녀의 부모는 모든 종류의 게임으로 집을 채웠다.

Her parents _____ the house _____ all kinds of games.

2 아이들이 너무 많아서 그녀의 가족은 "외출" 활동을 할 돈이 거의 없었다.

There were _____ many children _____ her family had _____ money for "going-out" activities.

| Mini Test 08 |

A 우리말은 영어로, 영어는 우리말로 쓰시오.

1 colorful _____

2 notice _____

3 deep _____

4 조사하다, 연구하다 _____

5 나타나다 _____

6 ~와 접촉하다 _____

B 괄호 안의 주어진 단어를 바르게 배열하시오.

1 그는 왜 그렇게 많은 종류가 있는지 연구했다.

He studied (are, why, so many kinds, there).

→ _____

2 그 새들은 자신들의 서식지에서 멀리 날아가지 않는다.

The birds don't fly (from, homes, their, far).

→ _____

_____

C 다음 빈칸에 들어갈 알맞은 단어를 적으시오.

1 새로운 유전자들은 다음 세대로 전해졌다.

New genes _____ _____ _____ ____ the next generations.

2 그 섬에는 90종이 넘는 극락조가 있다.

There are _____ _____ 90 _____ of 'birds of paradise' on the island.

| Mini Test 09 |

A 우리말은 영어로, 영어는 우리말로 쓰시오.

1 believe _____

2 chore _____

3 whatever _____

4 익숙한, 친숙한 _____

5 오히려 _____

6 결정 _____

B 괄호 안의 주어진 단어를 바르게 배열하시오.

1 그들은 그것이 아이들이 부모님을 돕게 한다고 느낀다.

They feel that it (children, makes, help) parents.

→ _____

_____

2 그들은 돈은 그들이 버는 것이라는 것을 아이들에게 가르치기를 원한다.

They want to teach their kids that money is (they, something, earn).

→ _____

_____

C 다음 빈칸에 들어갈 알맞은 단어를 적으시오.

1 어떤 부모들은 용돈의 의미를 집안일과 연관시킨다.

Some parents _____ the meaning of pocket money _____ _____.

2 당신의 아이들이 왜 용돈을 받는지를 확실히 하라.

_____ _____ why your children get pocket money.

고난도 도전 07~09

다음 괄호 안의 주어진 단어를 활용하여 문장을 완성하시오.

| MINI TEST 07 |

1 그러한 게임들로부터 배운 것이 재미있었다. (it, to) 8단어

→ _____

_____

2 내 친구들 중 한 명은 다섯 명의 형제자매와 함께 자랐다. (up) 11단어

→ _____

_____

| MINI TEST 08 |

1 이런 상황들에서, 생존을 위한 새로운 유전자들이 나타났다. (under) 8단어

→ _____

2 이 행동은 그것들이 다른 무리들과 접촉하지 못하게 했다. (prevent, other) 8단어

→ _____

_____

| MINI TEST 09 |

1 한 어머니는 일들을 용돈과 연관시키는 것이 도움이 된다고 말한다. (say, that) 11단어

→ _____

_____

2 아이들은 노동 윤리에 대해서 이런 식으로 배워서는 안 된다. (should, about, a work ethnic) 10단어

→ _____

_____

| MINI TEST 10 |

A 우리말은 영어로, 영어는 우리말로 쓰시오.

1 long-term _____

2 academic _____

3 result _____

4 …대(對) _____

5 부유함, 부(富) _____

6 감정적 _____

B 괄호 안의 주어진 단어를 바르게 배열하시오.

1 내가 알고 있는 두 명의 아버지가 있었다.

There were (two, I, knew, fathers).

→ _____

_____

2 다른 아버지는 머리를 운동시키려고 노력했다.

The other dad (exercise, to, tried) his brain.

→ _____

_____

C 다음 빈칸에 들어갈 알맞은 단어를 적으시오.

1 한 아버지는 머리 쓰는 것을 원치 않았다.

One dad didn't _____ _____ _____ his brain.

2 적당한 신체적 운동은 건강해질 당신의 가능성을 증가시킨다.

_____ _____ _____ increases your chances for health.

| Mini Test 11~12 ① |

A 우리말은 영어로, 영어는 우리말로 쓰시오.

1 solve _____

2 skip _____

3 satisfied _____

4 불평 _____

5 힘든 _____

6 구체적인 _____

B 괄호 안의 주어진 단어를 바르게 배열하시오.

1 당신은 무엇이 잘못되었는지 궁금해 한다.

You are wondering (wrong, what, went).

→ _____

_____

2 당신의 아내는 먼저 자신의 감정이 인정되기를 바란다.

Your wife (feelings, wants, her, acknowledged) first.

→ _____

_____

C 다음 빈칸에 들어갈 알맞은 단어를 적으시오.

1 매일 밤 7시까지 집에 오도록 노력할게요.

I'll _____ _____ _____ to be home every night by seven o'clock.

2 사람들이 그것을 말하든 안하든, 사람들은 감정에 대한 약간의 인정을 필요로 한다.

_____ they say it _____ _____, people need some acknowledgment of feelings.

| Mini Test 11~12 ② |

A 우리말은 영어로, 영어는 우리말로 쓰시오.

1 acknowledge _____

2 make an effort _____

3 wonder _____

4 ~처럼 보이다 _____

5 침묵 _____

6 균형을 맞추다 _____

B 괄호 안의 주어진 단어를 바르게 배열하시오.

1 당신의 아내는 만족해하는 것처럼 보이지 않는다.

(satisfied, your wife, doesn't, seem).

→ _____

_____

2 사람들은 자신들의 문제가 해결되기를 바란다.

People (problems, their, want, solved).

→ _____

_____

C 다음 빈칸에 들어갈 알맞은 단어를 적으시오.

1 지난 몇 개월은 참 힘든 시기였죠, 그렇죠?

It has been a _____ time _____ the last few months, _____ ____?

2 우리는 상대방의 감정을 인정하지 못한 채 곧바로 문제 해결로 건너뛴다.

We _____ right to problemsolving without _____ our _____ feelings.

고난도 도전 10~12

다음 괄호 안의 주어진 단어를 활용하여 문장을 완성하시오.

| MINI TEST 10 |

1 다른 아버지는 재정적으로 더 강해졌다. (the, dad, grow) 6단어

→ _____

_____

2 여러분은 여러분의 신체적인 힘처럼 여러분의 경제적인 기술들도 개발해야 한다. (need) 11단어

→ _____

_____

| MINI TEST 11~12 ① |

1 당신이 외로움을 느끼고 있는 것처럼 들려요. (it, like) 6단어

→ _____

_____

2 그녀의 숨겨진 질문들은 답변이 되지 않았다. (have, answer) 6단어

→ _____

_____

| MINI TEST 11~12 ② |

1 그들은 문제 해결을 위한 대화를 시작한다. (start, for) 6단어

→ _____

_____

2 당신은 문제를 해결했다고 생각할지 모른다. (may, problem) 7단어

→ _____

_____

MEMO

MEMO

MEMO

MEMO

MEMO

MEMO